Horst Nagel

Weitere Mantras am Feuer

Über 100 weitere spirituelle Lieder, die man
am Feuer singen kann

Horst Nagel

Weitere Mantras am Feuer

IMPRESSUM

Horst Nagel
Am Wingert 9
61231 Bad Nauheim

Titelfoto: Horst Nagel
Rückseitenfoto: Hanne Kujath

Herstellung und Verlag:
Lulu press

Einleitung (Kurzfassung von Band1)

Singen am Lagerfeuer ist schön, romantisch und belebend. Unvergessen sind mir Singabende am Feuer im Anschluss an Workshops nach beendeter Tagesarbeit: Im Freien oder in einem geräumigen Tipi; Manchmal auch spontan ohne Gitarre nur mit Schamanentrommeln. Bei Jahreskreisfesten oder privat veranstalteten Feuern außerhalb dicht bebauter Gebiete.

Musizieren in einem Kreis von Gleichgesinnten verbindet die Menschen mit sich selbst, mit anderen, mit der Natur und mit dem Kosmos. Durch die dabei ablaufenden gruppendynamischen Prozesse verbessert sich die Energiebilanz.

Wenn man innerhalb einer Gruppe gemeinsam singt und tanzt, kann man miteinander schwingen. Schwingen lockert Blockaden um das Herz, öffnet uns für das Leben, lässt uns wieder mehr in Harmonie kommen.

Dass Mantras sogar mehr Energie spenden als mehrstimmig gesungene Taizé -Lieder, darauf machten mich kürzlich Teilnehmer eines Singtreffens aufmerksam. Wir hatten eine halbe Stunde lang vierstimmig Taizé -Lieder und anschließend genau so lang Mantras „nur" einstimmig gesungen. Ein Erklärungsgrund für dieses Mehr an Energie könnte sein, dass durch die Lieder aus vielen Kulturen und Religionen sehr viel mehr Facetten des unendlichen Gottes angesungen werden und wir in vielen Problembereichen gehört werden und Trost gespendet bekommen.

Mögen die ausgewählten spirituellen Lieder bei jedem Feuer - mit und ohne Vollmond - gesungen werden, um unsere Energien, um Liebe, Freude und Ekstase zu stärken.

Mögen viele von ihnen bei jedem Feuer - mit und ohne jahreszeitlichem Hintergrund - zusätzlich getanzt werden, um unsere Verbindung untereinander und zur Schöpfung zu festigen.

Mögen die Feuer, die verbinden und die uns träumen lassen, überall in der Welt entzündet werden und nie verlöschen.

Bad Nauheim, im März 2012

Mantras/ spirituelle Lieder am Feuer

Bei Mantras handelt es sich im ursprünglichen Sinne um Silben oder Worte, die von göttlicher Kraft erfüllt sind. In alter Zeit wurden sie hauptsächlich zum Schutz vor Geistern, Gefahren oder Krankheiten eingesetzt.

In meinen Büchern und Singgruppen fasse ich den Begriff „Mantra" sehr weit. Ich benutze ihn auch für spirituelle Lieder, deren meist kurze Liedstrophen viele Male wiederholt werden.

Als spirituell bezeichne ich jene Lieder, die den einen einzigen Gott in all seinen Facetten ansingen,

- egal ob es sich um Jesus, Shiva, Allah, Manitu usw. handelt,
- ob es sich um die Große Muttergöttin, welche lange vor der Entstehung von Christentum oder Hinduismus verehrt wurde, in ihren unterschiedlichsten Namen, handelt,
- oder ob es sich – im animistischen Sinn - um Naturenergien, wie z.B. die Elemente Feuer, Wasser, Luft und Erde, handelt.

Beim spirituellen Singen kommt man also zusammen, um zur Ehre Gottes bzw. des Großen Geistes bzw. des All-Einen (oder wie es jeder für sich nennen mag) zu singen.

Man kommt auch zusammen, um zu Ehren der Großen Muttergöttin zu singen. Die Idee der Muttergöttin basiert auf der Vorstellung einer weiblichen Gottheit, welche das Universum mit seinen Gesetzen geschaffen hat, welche die Macht hatte, über Natur, Schicksal, Zeit, Liebe, Geburt oder Tod, über den Boden und seine Bewohner zu gebieten.

Und man kommt zusammen, um für Mutter Erde, für die Elemente Feuer, Wasser, Luft und Erde zu singen. Das Feuer, um das man sich seit Altersher schart, steht für:
Das Spirituelle, für Energie, Enthusiasmus, Inspiration und Lebensfreude, steht für kraftvolles Auftreten, extreme Impulsivität, Selbstbewusstsein, Antriebsstärke oder Dynamik.

Auch wenn der etwa 1970 geschaffene Überbegriff „New Age" nur noch selten verwendet wird, kennzeichnet er doch sehr treffend die neue weltanschauliche Bewegung für unsere Zeit. Damals entstand ein wachsendes Interesse, einen persönlichen Sinn im Leben zu finden.

Viele Menschen in den westlichen Kulturen interessierten sich wieder für die Lebensdeutungen alter Kulturen (u. a. Kelten und Indianer). Sie befassten sich mit Mythen und mit alten Ritualen, sie sahen darin eine Form der Daseinsbewältigung. Die Suche nach dem Licht, dieses Sehnen nach Gerechtigkeit, nach Menschlichkeit, nach spirituellem Leben kommt in den seit den 1960er Jahren geschaffenen Liedern zum Ausdruck, weil Mantras die Spiritualität der suchenden Menschen innerhalb und außerhalb der Kirche ansprachen.

Und wie bei vielen Naturvölkern wurde am Feuer getrommelt und gesungen.

So entstand eine Vielzahl von spirituellen Liedern; Christliche Lieder, Lieder für die Heilung unserer Seele, Lieder des Dankes und für den inneren und äußeren Frieden, Lieder, welche Religionen verknüpfen, schamanisch beeinflusste Songs usw.

Lasst euch überraschen von der Bandbreite des Angebots.

Möge euer Feuer gesegnet sein!

Verzeichnis
der spirituellen Lieder

SINGEN UND TANZEN

FRIEDEN

DANKEN

T: Text von …..

TA: Textanregung durch …..S

Feuer und Elemente

Singen am Feuer – zusammen mit anderen Menschen – ist heilender Balsam für die Seele. Von alters her haben wir Menschen deshalb eine besondere Wertschätzung für dieses Element, weil Feuer auf uns eine faszinierende Wirkung ausübt. Dies ist in unseren Genen und unserer Seele angelegt.

Am Feuer trafen sich die Vorfahren, um Wichtiges zu besprechen, um zu heilen, um heil zu werden, um zu singen, um sich heilige Geschichten und Träume zu erzählen, um zu tanzen, zu feiern und um zu träumen.

Elemente werden Götter
Von Anbeginn der Zeiten an haben Menschen von der Natur gelernt. Sie erlebten und beobachteten die Elemente: Erde, Feuer, Wasser, Luft und letztlich den kosmischen Raum. Ihre Erfahrung wurde allmählich in Göttern personifiziert. Man wollte die Elemente „überreden", dem Menschen zu helfen. So wurden aus Elementen Götter – z. B. Agni (Feuergott), Gaia (Mutter Erde), Thor (Sturm- und Windgott) usw.
Autor: Swami Nityamuktananda Saraswati in Yoga Aktuell 3/2018

Feuer und die anderen Elemente Wasser, Luft, Erde, Steine, Licht, Bäume, Stürme, Finsternis, Sonne, Mond oder Sterne kann man als Symbole für das Urvertrauen, das der Mensch in der Schöpfung und in den Elementen immer wieder erlebt hat, ansehen. Musizieren und (selbst) singen helfen uns, ihre Kraft zu erleben, helfen uns zu großer innerer Ruhe zu gelangen.

101 ERDE, MEIN KÖRPER

Traditionell

Er - de, mein Kör - per, Was - ser, mein Blut,

Luft, mein A - tem und Feu - er, mei - ne See - le.

102 HEYO ERDE, WASSER, FEUER, LUFT

M: Salaleo

He - yo Er - de, Was - ser, Feu - er, Luft.

Ich bin Er-de, ich bin Was-ser, ich bin Feu-er, ich bin Luft.

103 LIED FÜR DIE ERDE

Aus Afrika

A - ye ke-ru-ne - ne ke-ra-ni - o ke-ru - na.

Ke-ra-ni - o we-ya he-ya he-ya - ye, a - ye ke-ru - na.

104 EARTH AM I

Traditionell

D oder H7

Earth am I,   wa-ter am I,   fire and air and spi-rit am I.

105 FEUER, ERDE, WASSER UND LUFT

Traditionell

Feu-er, Er-de,   Was-ser und Luft, ICH   BIN

Er-de, mei-ne Mut-ter.   Him-mel, mein Va-ter.

106 FEUERGEIST, BRENN' IN MIR

Feu-er-geist, brenn' in mir!   Bren-ne,   Feu-er-geist!
Feu-er-geist, sing, in mir!   Sin-ge,   Feu-er-geist!
Feu-er-geist, tanz' in mir!   Tan-ze,   Feu-er-geist!
Feu-er-geist, wirk' in mir!   Wir-ke,   Feu-er-geist!

Hei-le, Feu-er,   heil' mein Herz!   Hei-le Feu-er, ver-

bren-ne mei-nen Schmerz!

107 ICH BIN SONNE, WÄRME, FEUER

T: K.O. Schmidt

Ich bin Son-ne, Wär-me, Feu-er.   Ich bin Kraft, bin Licht, bin

Le- ben. La la la la la la lai lai   la la la la la la lai lai lai

108 SONNE, SONNE, KOMM' HERVOR

Rainbow-Lied

Son-ne, Son-ne, komm her-vor aus dem gold'-nen Him-mels-tor,

strah-le mich so lan-ge an,   bis ich sel-ber strah-len kann!

109 THANK YOU MOTHER EARTH

T: Susan Arrow Grace

Thank you Mo-ther   Earth, Thank you Sis-ter   Wa - ter!
Thank you for our   birth! From your sons and daugh- ters.

Thank you Bro-ther   Sun!   Thank you Air in   Mo - tion!
Thank you ev-'ry - one: Earth, Sun; Air and   O - cean!

Danke, Mutter Erde, Danke, Schwester Wasser,
Danke für unser Geborensein! Von euren Söhnen und Töchtern.
Danke, Bruder Sonne, Danke, bewegte Luft!
Dank an euch Elemente: Erde, Feuer, Luft und Wasser!

Mutter Erde

Mutter Erde trage mich,
Vater Himmel, beschütze mich,
Schwester Sonne, wärme mich,
Bruder Wind, durchpuste mich.
Ich bin ein Kind der Schöpfung
und darf aus ihr schöpfen,
wenn ich erschöpft bin,
um neu schöpferisch zu sein.
Mutter Erde, trage mich.

(Gila van Delden)

Mutter Erde ist die Mutter allen Lebens, der Pflanzen, der Tiere und der Menschen. Aus ihrem fruchtbaren Schoß kommt alles Leben hervor und geht wieder zu ihr zurück. Deshalb sorgen wir uns um ihr Wohlergehen.

Dieses Sinnbild wurde im Laufe der Menschheitsentwicklung von vielen Kulturen und Religionen in ähnlicher Form zum Mittelpunkt des Weltbildes erhoben.

Mit unseren Liedern danken wir Mutter Erde.

110 ANCIENT MOTHER

Autor unbekannt

An-cient mo-ther, I hear your call- ing, an-cient

mo-ther, I hear your song. An-cient mo-ther, I feel your

laugh- ter, an-cient mo-ther, I taste your tears.

111 MUTTER ERDE SCHENKT UNS SCHÖNHEIT

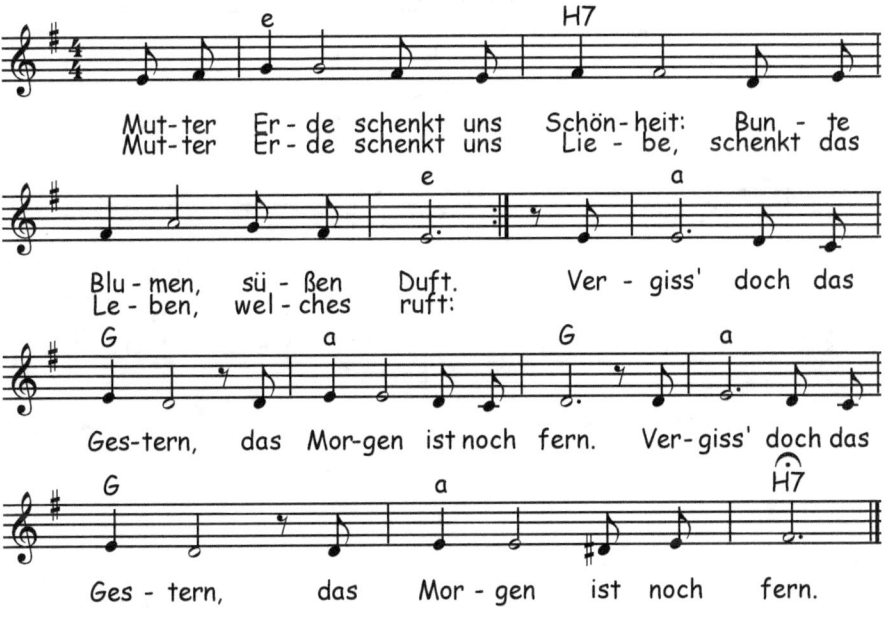

Mut-ter Er - de schenkt uns Schön- heit: Bun - te
Mut-ter Er - de schenkt uns Lie - be, schenkt das

Blu - men, sü - ßen Duft. Ver - giss' doch das
Le - ben, wel - ches ruft:

Ges-tern, das Mor-gen ist noch fern. Ver-giss' doch das

Ges - tern, das Mor - gen ist noch fern.

112 GAIA, GAIA, MUTTER ERDE, GAIA

Gai-a, Gai-a,   Mut-ter Er-de, Gai-a.   Gai-a, Gai-a,

Mut-ter Er-de, Gai-a.   A - hu A-hu A - hu A-hu. A -

hu   A-hu   A - hu   A - hu.   A - hu.

113 MUTTER ERDE, DEINE KINDER RUFEN DICH

Mut-ter   Er-de ,   dei-ne Kin - der ru - fen dich.
                        gib uns Weis-heit, gib uns Stär-ke.
                        gib uns Mut und Le-bens-freu-de.
            wir   dan-ken dir für dei-ne Fül-le.

He-ya he-ya he-ya he-ya   he-ya he-ya ho.

He-ya he-ya he-ya he-ya   he - ya   ho!   he - ya

114 MONDSCHEINLICHT FÜLLT MEINE SEELE

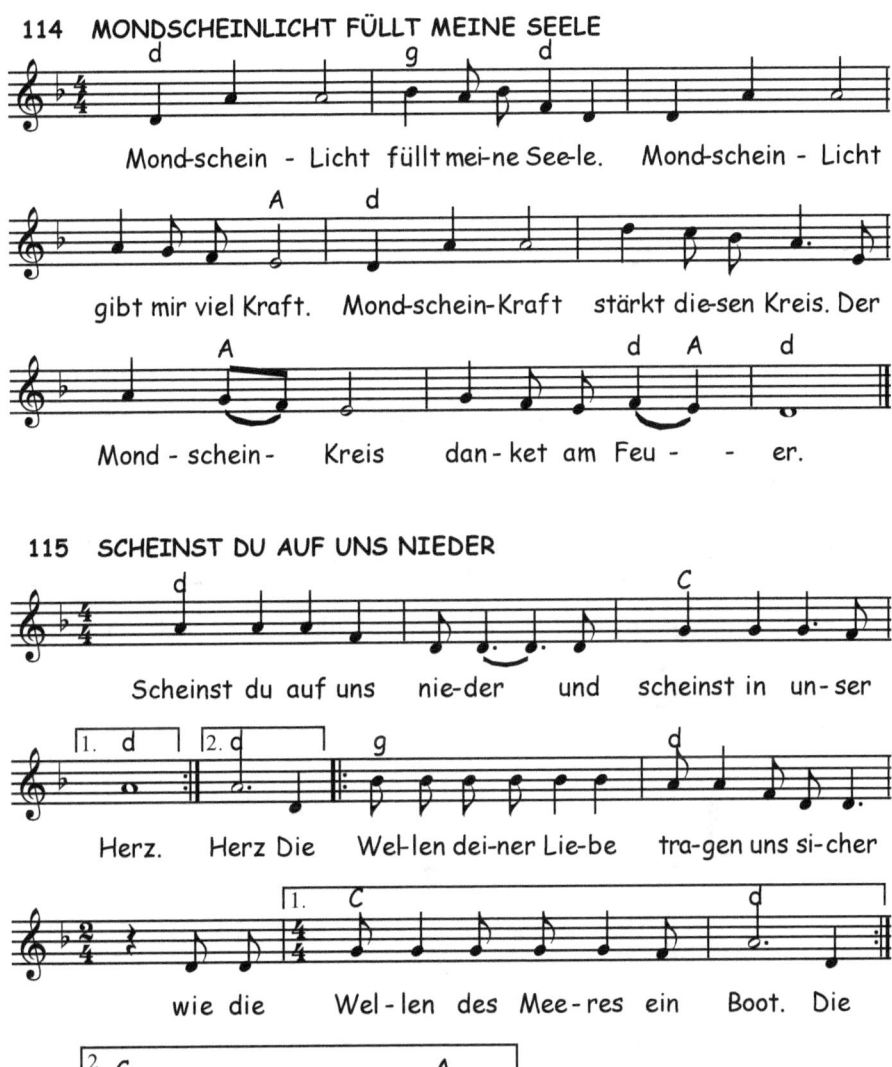

Mond-schein - Licht füllt mei-ne See-le. Mond-schein - Licht

gibt mir viel Kraft. Mond-schein-Kraft stärkt die-sen Kreis. Der

Mond - schein- Kreis dan-ket am Feu - - er.

115 SCHEINST DU AUF UNS NIEDER

Scheinst du auf uns nie-der und scheinst in un-ser

Herz. Herz Die Wel-len dei-ner Lie-be tra-gen uns si-cher

wie die Wel-len des Mee-res ein Boot. Die

Wel-len des Mee-res ein Boot.

Von einem Schamanen-Seminar

I hope to the pow-er of the Thun-der Be-ings, I

hope to the pow-er of the Earth. I hope to the pow-er of the

East and West, I hope to the pow - er of the

North and South. We hope the time has come, the

time has come to u - nite as one. We hope the

time has come to the cir-cle, the Earth with our love.

117 WE ALL COME FROM THE GODDESS

We all come from the God - dess
We all come from the Sun - god
We all come from the One -

and to Her we will re-turn, like a drop of
and to Him we will re-turn, like a spark of
and to one we will re-turn, like a ray of

wa - ter flow - ing to the o - cean.
fi - re fly - ing to the o - pen sky.
light - reach-ing for e - ter - ni - ty.

118 EINES TAGES FRAGTE ICH VIRACOCHA

Alba Maria (aus S-Amerika)

Ei-nes Ta-ges frag-te ich Vi-ra - co-cha, wo-her ich

komm', wer ich bin, wo-hin ich geh'. Ich er-hielt die schön-ste

Ant-wort, die man sei-nem Lieb-sten ge-ben kann:

(Viracocha ist der Schöpfergott in der Inka-Mythologie)

B

Ich kam mit der Zeit, ich kam mit dem Wind,

ich kam mit dem Was-ser, die Lie-be rief mich, die Lie-be rief

mich. Ich kam mit der Er-de, ich kam mit dem Feu-er,

ich kam mit den Vö-geln, die Lie-be bin ich, die Lie-be bin ich.

C **4 x** *Feuer, Wasser, Wind, Mutter Erde, he (Ketchua-Sprache)*

Ni-na Ya-ku Oei-ra Pa-cha- ma-ma, he. Ni-na Ya-ku Oei-ra Pa-cha-

ma-ma, ha Ni-na Ya-ku Oei-ra Pa-cha - ma-ma, he.

Ni - na Ya-ku Oei-ra Pa-cha - ma-ma, ha!

119 LASST DIE TROMMELN ERKLINGEN

TA: Drunvalo Melchisedek

Lasst die Trom-meln er-klin-gen, dem Gro-ßen Geist rings-um

sin-gen, und Mut-ter Er-de dan-ken für die

Schön-heit die-ses Or - tes. rings-he - rum.

Drum de dum de dum, drum de dum de dum, drum de dum de

dum, drum de dum Drum de dum.

Indianische Lieder

Lieder mit indianischem Ursprungs werden wegen ihres schwungvollen Rhythmus gern gesungen.

In indianischen Texten werden häufig die Erde oder der Kosmos angesprochen. Offensichtlich erfahren Indianer vor allem in der Natur das Wirken göttlicher Kräfte. Nicht von ungefähr wird die Erde als Mutter betrachtet, da sie zum einen das nährende und zum anderen das heilende Prinzip ist.

Indianer erinnern uns darin, Achtung vor den Menschen, den Tieren, den Pflanzen zu haben. Sie erinnern uns darin, Mutter Erde, Vater Himmel und Großmutter Mond zu achten. Sie achten die Naturerscheinungen, die Landschaften, den Fluss als Wesen mit einem eignen „**spirit**", den es zu respektieren gilt. Indianer begreifen sich als eins mit der Welt, die sie umgibt. Diese umgebende Welt ist dann nicht mehr das Gegenüber „Natur", die es zu unterwerfen gilt. Die Welt ist ein Universum mit uns Verwandtem.

Und wenn die Lieder zusätzlich von Rhythmusinstrumenten begleitet werden (die Trommel versinnbildlicht den Herzschlag von Mutter Erde), so sind wir verbunden mit allem und allen. Das war auch der Wunsch von Sun Bear, einem Nachkommen der Ojibwa-Indianer. Er wuchs in der Wildnis des nördlichen Minnesota auf. Um zu überleben musste er lernen, mit dem Land zu leben und für sich selbst zu sorgen. Er wurde zum Lehrer, der uns heute hilft, das Weltbild der Indianer und seine Verbindungen zu unserem heutigen Leben zu verstehen.

In seiner Lebensgemeinschaft wurde viel gesungen, und etliche seiner Lieder haben einen Weg an die Feuer in der Welt gefunden.

120 GOATE LENO LENO MAHOTE

Traditionell indianisch

Go-a-te Le-no Le-no Ma-ho-te Hay ya no Hay ya no

Hay ya no We are one with the in-fi-nite sun. For -

e-ver, for-e-ver, for - e - ver.

Wir sind für immer eins
mit der unendlichen Sonne
(und sind damit Teil des Universums).

121 HIYANO HIYANO - GRANDFATHER EAGLE

Cherokee tradition

Hi ya no Hi ya no Hi ya no

Grand-fa-ther Eagle is circe-ling a-round. Hi ya no Hi ya no

Come on down. Grand-fa-ther Eagle is circe-ling a-round.

Hi ya no Hi ya no Come on down.

122 HEYANANA HEYANANA

Nur mit Trommel begleiten

d

Hey-a-na-na Hey-a-na-na Hey-a-na-na Ho

Ho. Hey hey-a-na Hey hey-a-na Hey hey-a-na na Ho. Ho.

123 ICH LEBE, ICH LIEBE DAS SCHÖNE

T: Indianischer Freudengesang
(nach Rudolf Kaiser)

Ich le-be, ich le-be, ich lie-be das Schö-ne, ich

le-be, ich le-be, Be - zie-hun-gen sind gut; sind

gut zu den Göt-tern, den Göt-tern mei-nes Le-bens, sind

gut zu al-len We-sen auf die-ser Er - de. He-ya

he-ya he-ya ho. He-ya he-ya he-ya ho. Her-ya

he-ya he-ya ho. . . .

124 KAYO KAYO KAYO (BÄREN- LIED) — Blackfoot-Song

Ka- yo, ka- yo, ka- yo, ka- yo. Ka-

yo hi ya ka- yo, ka- yo hi ya ka- yo.

125 OWL SONG (EULEN- LIED) — Traditionell

Owl I sing to your black tal-ons. Owl I sing to your

yel-low eyes. Moon's eyes, owl's eyes, the

cold clear eyes up on my dreams.

Ich bitte die Eule um Weisheit und um eine Vision.

126 HEYA HEYA HEYA HI — Wabun

He ya he ya hey ya hi He ya he ya hey ya hi

He ya he ya hey ya hi sing a song of the earth.

Hi ya hi, hi ya hi, hi ya hi, sing a song of the earth.

127 GLAUBE AN DIE SCHÖNHEIT

TA: Sun Bear

Glau-be an die Schön-heit, Mut-ter Er-de ist voll Schön-heit

ü-ber- all. Glau-be an die Lie-be, Mut-ter Er-de,

Va-ter Him-mel lie-ben dich.

128 WISHI TA TUJA

Traditionell

Wi-shi ta tu-ja tu-ja tu- ja. Wi-shi ta tu-ja

tu-ja hey. Wa-sha de na-ja he-ya he- ya.

Wa-sha de na-ja he-ya hey.

Indianisches Lied zur Wertschätzung des Wassers, des Fließens, des Flusses. So wie der Fluss
fließt, mal schnell bewegt und stürmisch, mal auf der Stelle wirbelnd, so ist auch das Leben.
Es erinnert daran, die Energien von Expansion und Einkehr in uns in Einklang zu bringen.

Jahreszeitenfeste

Von Anbeginn der Zeiten an haben Menschen von der Natur gelernt. Sie erlebten und beobachteten die Elemente: Erde, Feuer, Wasser, Luft und letztlich den kosmischen Raum. Ihre Erfahrung wurde allmählich in Göttern personifiziert. Man wollte die Elemente „überreden", dem Menschen zu helfen.

Sie machten die Natur-Energien u. a. durch Feiern und jedes Jahr mehrfach stattfindende Rituale auf sich aufmerksam.

Wenn möglich, begehen wir Jahreszeitenfeste am Feuer. Von Indianern und vor allem von unseren keltischen Vorfahren haben wir diesen Brauch übernommen. Kelten begingen im Lauf eines Jahres vier Sonnenfeste, wie z. B, das Julfest zur Weihnachtszeit - und vier Mondfeste, wie z. B. Samhain in der Mitte zwischen Herbst- und Winterbeginn.

129 AHNEN DER WEISHEIT

TA: Carlo Zumstein

Ah-nen der Weis-heit, wir ru-fen euch. Singt eu-re Lie-der,

lehrt uns den Weg, singt eu-re Lie-der, lehrt uns den Weg.

Quelle der Führung und Inspiration = Ahnen

130 SOMMERGEISTER, SPRINGT MIT MIR

Zur Sommersonnenwende

Kapo 2

Som-mer-gei-ster, springt mit mir, springt mit ü-ber das

Feu-er. Li-tha, Ai-ne und Ce-rid-wen weis-sagt mir aus dem

Feu-er. Mei-ne Sor-gen und mei-nen Schmerz ge-be ich in das

Feu-er. Mei-ne Wün-sche und mei-nen Traum

tanz' ich in das Feu-er Feu-er.

131 FEIERN WIR BELTAIN

Fei-ern wir BEL - TAIN, sprin-gen ü - ber Feu - er.
Fei-ern Le-bens - kraft, Rei - ni-gen, Er - neu-ern.

Fei-ern wir BEL - TAIN, sprin-gen ü - ber Feu - er.
Fei-ern Le-bens - kraft, Rei - ni-gen, Er - neu-ern.

132 ALTE BÄUME, ZEITLOSE WEGE

Al - te Bäu-me, zeit-lo-se We-ge, Gro-ße Mut-ter

hü-tet sie. Heil'-ger Stein-kreis, Dir zu Eh-ren,

Gro - ße Mut - ter Ce - rid - wen.

Schreitlied für Ceridwen: Ceridwen = Brigid =KERRIDWEN
= keltische Schutzgöttin, wird Anfang Februar gefeiert

Shiva und Krishna

Die ersten spirituellen Lieder, die im Westen gesungen wurden, gelangten aus Indien nach Amerika. Mantra ist ein indisches Sanskritwort und heißt so viel wie „Gesang zur Befreiung". So weist die Bedeutung auf eine wohltuende Wirkung auf Körper, Seele und Geist hin.

Shiva und Vishnu (mit den Avataren Krishna und Rama) werden häufig angesungen.

Shiva, der Gott der Auflösung, Umwandlung und Zerstörung, ist unter vielen Namen bekannt: *Shamboo, Shankara, Vishvanath(a), Bholenath oder Nataraja.* Krishna wiederum wird als *Shyam, Govinda, Gopal(a) oder Hari* angesungen.

In sehr vielen Mantras werden Krishna (und seine Shakti Radha) zusammen mit dem älteren Avatar Rama (und dessen Shakti Sita) angerufen. Dabei werden Krishna und Rama um die Gnade gebeten, uns das Göttliche in der Welt bzw. im Leben sehen zu lassen – und es in Dankbarkeit und mit Freude in die Welt tragen zu dürfen.

In *Ramayana*, dem ältesten Sanskrit-Epos, werden die Leben des Königssohnes Rama und seiner tugendhaften Gattin Sita geschildert. Es wird u. a. von der Entführung Sitas durch einen Dämonenkönig berichtet, und wie sie mit Hilfe von *Hanuman*, dem Heerführer der Affen, befreit wird.

Rama (mit dem Ehrentitel *Shri*) lehrt und ermuntert uns, folgende edlen Eigenschaften zu entwickeln: Friedfertigkeit, Gerechtigkeit, Rechtschaffenheit oder Gelassenheit.

133 JAYA SHIVA SHANKARA   Traditionell

Jay-a Shi-va Shan-ka-ra   Bom Bom Ha-ra Ha-ra.

Ha-ra Ha-ra   Ha-ra Ha-ra   Bom Bom Ha-ra Ha-ra.

Shankara = der Segen spendende Shiva

134 GANGA KI JAY JAY   Traditionell

Gan-ga Ki Jay Jay Ya-mu-na Ki Jay Jay

Kai - la-shi Shak-ti Shi-va Shan-ka-ra Ki Jay Jay.

Gan-ga Ki Jay Jay Ya-mu-na Ki Jay Jay

Kai - la-shi Shak-ti Shi-va Shan-ka-ra Ki Jay Jay.

135 OM NAMAH SHIVAYA

Traditionell

OM na-mah Shi - va-ya OM na-mah Shi - va - ya

OM na-mah Shi - va- ya Shi-va OM na-mah. Ha-ri mah.

Ich vertraue mich Gott, der Shiva-Energie = Hari, an.

Shiva hat die Kraft, unser Herz zu öffnen - und damit den Zugang zu unserer Intuition.
Damit wir den Weg des Herzens, d. h. der Liebe gehen können.

136 SHIVA SHIVA SHAMBOO

Traditionell

Shi-va Shi-va Shi-va Sham - boo Shi-va Shi-va

Shi-va Sham - boo Ma-ha-de-va Sham - boo

Ma-ha-de-va Sham - boo. de-va Sham - boo.

Mahadeva = Großer Gott = Shiva, der glücklich (=Shamboo) macht, weil er das Herz öffnet.
Shiva zeigt den Weg vom ego-beherrschten Verstand hin zum intuitiv erkennenden Herz.

137 OM HAM HANUMATE NAMAHA

© M: Henry Marshall

OM   Ham   Ha - nu - ma - te   Na - ma - ha,

OM   Ham   Ha - nu - ma - te   Na - ma - ha.

138 JAY HANUMAN, SEI GEGRÜSST

Jay Ha-nu-man, sei ge-grüßt! Jay Ha-nu-man, du bist stark.

Jay Jay Ha - nu - man,   du bist der Hei - ler.

Jay Jay Ha - nu - man,   bist der Ma - gi - er.

139 GOVINDA JAY JAY   Traditionell

140 RADHE SHYAM   Gopaldas Wyslich

Ehre für Rama und Krishna (= Shyam = der Blaue aus dem Himmel)
und ihre Partnerinnen Sita bzw. Radha.

141 SHRI RAM JAY RAM

Traditionell

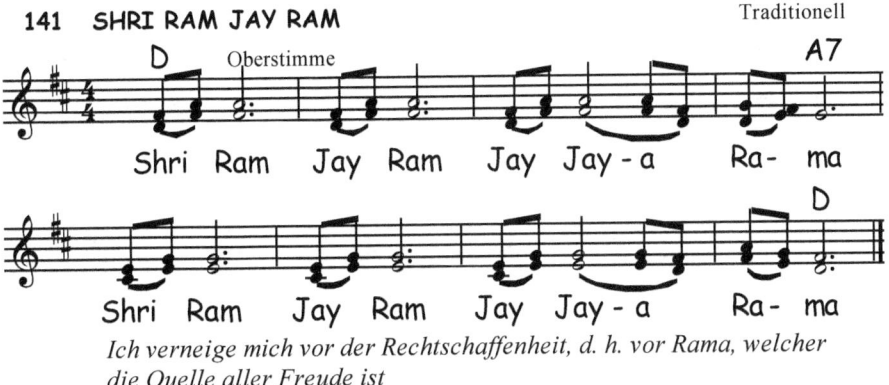

D   Oberstimme   A7

Shri Ram   Jay Ram   Jay Jay-a   Ra- ma

D

Shri Ram   Jay Ram   Jay Jay-a   Ra- ma

*Ich verneige mich vor der Rechtschaffenheit, d. h. vor Rama, welcher
die Quelle aller Freude ist*

142 MEINEN TRÄUMEN BIN ICH TREU

1 C   a   d   G7

Mei-nen Träu-men bin ich treu, las-se mich von ih-nen lei-ten.

C   a   d

Denn sie wer-den ei-ne Hil-fe sein auch in schwe-ren, schwe-ren

G7   2 C

Zei - ten.   Ha - re Krish - na, Ha - re Ra - ma,

a   d   G7

Ha-re Krish-na, Ha-re Ra-ma, Krish-na, Ra-ma, Ha-ri OM

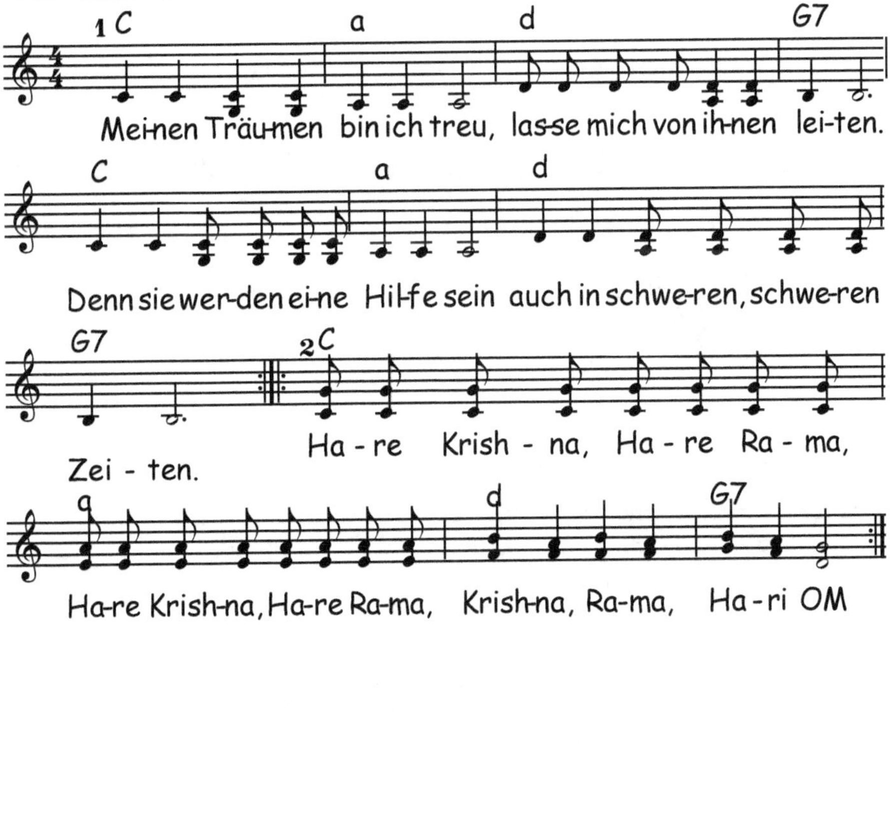

143 GOPALA DEVAKINANDANA GOPALA

Traditionell

Go-pa-la   Go-pa-la   De-va-ki-nan-da-na Go-pa-la.

De-va-ki-nan-da-na Go-pa-la   De-va-ki-nan-da-na Go-pa-la.

144 WHAT A DAY, FULL OF LOVE

What a   day, what a day,   full of   love, full of

love,   and we danced in the light.   What a   day!

What a   day!

145 KRISHNA OM HARI OM

Krish-na   OM Ha-ri OM Krish-na   OM Ha-ri OM Krish-na

OM Ha-ri OM Krish-na   OM.   Krish-na   OM.

146 MEIN HERZ WILL SINGEN

Mein Herz will sin-gen, vor Freu-de sin-gen, mein

Herz will dan-ken, dass es mich gibt.

Und ich will tan-zen, vor Freu-de tan-zen, und

ich will dan-ken, dass es mich gibt.

dass es mich gibt. Ha-re Krish-na Ha-re,

Ha-re Krish-na Ha-re, Ha-re Ra-ma Ha-re, Ha-re Ra-ma Ha-re.

Rama (und seine Partnerin/Shakti Sita) stehen für Treue, Zuverlässigkeit,
Geborgenheit und Seriosität.
Krishna (und Radha) stehen für Lebensfreude und Leichtigkeit des Seins.
Krishna soll daran erinnern, dass dieses Leben als ein Akt der Freude gedacht ist
und uns geschenkt wurde, damit wir es feiern.
Wir sollen unser Herz nicht an materielle Güter heften, sie aber mit Freude
und Dankbarkeit genießen.

147 SARVESHAM SVASTIR BHAVATU

Version von Tina Turner

Sar-ve-sham   Svas-tir Bha-va-tu   Sar-ve-sham

Shan-tir Bha-va-tu   Sar-ve-sham   Pur-nam Bha-va-tu

Sar - ve - sham   Man - ga - lam   Bha - va - tu

148 OM BHUR BUVAH SVAHA = GAYATRI-MANTRA

Gopaldas

OM Bhur Bhu-vah sva-ha,   Tat Sa-vi-tur Va-

ren-   yam. Bhar-go De-va-sya Dhi-ma-ni Dhi-yo Yo-

Ende:

nah Pra - cho-day - ath.   OM

Das Gayatri-Mantra ist das heiligste hinduistische Mantra:
Gott, wir bitten dich inständig, dass Dein Licht unseren Geist erhellen möge.

Shakti und Muttergöttin

Unter Shakti versteht man im Hinduismus den weiblichen Gottesaspekt. Mit den nach Amerika gelangten hinduistischen Mantras wurde man aufmerksam auf den weiblichen Göttinnen-Part. Er löste in der westlichen Welt eine Rückbesinnung auf die Große Muttergöttin aus.

Man erinnerte sich daran, dass in den großen Ur-Religionen des vorderasiatischen Raumes die Große Göttin bzw. Ur-Mutter verehrt worden war – und zwar lange vor dem Christentum. Sie hatte in den vielen Kulturen weltweit unterschiedliche Namen, z. B. Pachamama in den Anden.

Doch mittlerweile ist es zu einer Rückbesinnung auf die spirituellen Kräfte der Ur-Mutter gekommen.

Beginnen will ich mit den Skaktis, denen im Hinduismus neben den Haupt-Gottheiten eine große Rolle zukommt. Nach vedischer Überlieferung durchdringen männliche und weibliche Energie die Schöpfung. Kein Gott ist ohne seine Shakti vollständig, da er ohne weiblichen Gottesaspekt keine starke energetische Wirkung erzielen kann.

Brahma, der Schöpfergott, hat Sarasvati, die Göttin der Kunst und Wissenschaft, als weibliche Seite. Zu Vishnu, dem Bewahrer, gehört Lakshmi, die Göttin des Glücks und der Schönheit. Und für Shiva, den Zerstörer und Erneuerer, ist Parvati seine weibliche Stütze. Sie kann als sanfte Gattin Uma oder als Kriegerin Durga u. a. auftreten.

149 AAD GUREH NAMEH

Traditionell

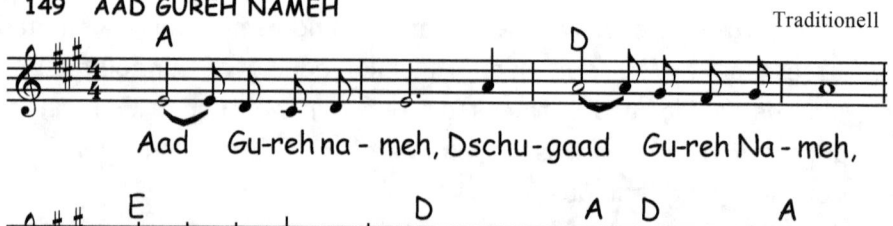

Aad   Gu-reh na-meh, Dschu-gaad   Gu-reh Na-meh,

Sat Gu-reh Na - meh Si-ri Gu-ru   De-veh Na - meh.

Schutz- und Reinigungs-Mantra von den Sikhs:
Ich verehre die absolute und ewige Weisheit

Verankerung der Seele im Innern und Außen: Mantra schützt meine Seele
und mich im Äußeren.
Der Guru (in uns) führt uns von der Dunkelheit ins Licht.
Er gibt uns Kraft und Selbstvertrauen.

150 ADI SHAKTI ADI SHAKTI NAMOH NAMAH

A - di Shak-ti   A - di Shak-ti   Na-moh Na - mah

OM Na - mah Shi - va - ya   .

Ich verneige mich vor der Kraft der Göttin.
Ich ehre die kosmische strömende Lebens-Energie. (Adi = Anfang, Ursprung)
Shakti hilft der Shiva-Kraft zu strömen, d. h. aktiv zu werden.

151 JAY AMBE JAGADAMBE

Traditionell

Jay Am-be Ja-ga-dam- be Ma-ta Bha-va-ni Jay Am-be.

Dur-ga Vi-na-shi-ni Dur-ga Jay Jay Ka-la Vi-na-shi-ni

Ka-li Jay Jay. U-ma Ra-ma Brah- ma-ni Jay Jay

Ra - dha Ru-kha Ma-ni Si - ta Jay Jay.

Ehre für die Göttliche Mutter in all ihren Aspekten: gebärend, göttlich,
heilig, ernährend, dunkel, lieblich und elementar.

152 UMA PARVATI

Traditionell

U-ma Par-va-ti A-nan-da Ma. Ka-li Dur-ge Na-

mo Na- mah. mah.

153 SHAKTI SHAKTI DHANYAVAD

© Henry Marshall

Shak-ti Shak-ti Dhanya-vad Shak-ti Shak-ti

Dhanya - vad. Shak-ti Shak-ti A - di Shak-ti

A - di Shak-ti Dhanya-vad.

Dankbarkeit für kraftvolle weibliche Energie durch die Ur-Kraft der Göttin
Adi = Ursprung

154 I AM ONE WITH THE HEART OF THE MOTHER

Michael Stillwater

I am one with the heart of the Mo-ther, I am one with the

heart of love I am one with the heart of the fa-ther,

I am one with God. A - ve Ma - ri - a,

Ky - ri - e e - lei - i - son.

Das Göttliche ist weiblich und männlich

155 OM SHRIM MAHALAKSHMYAI

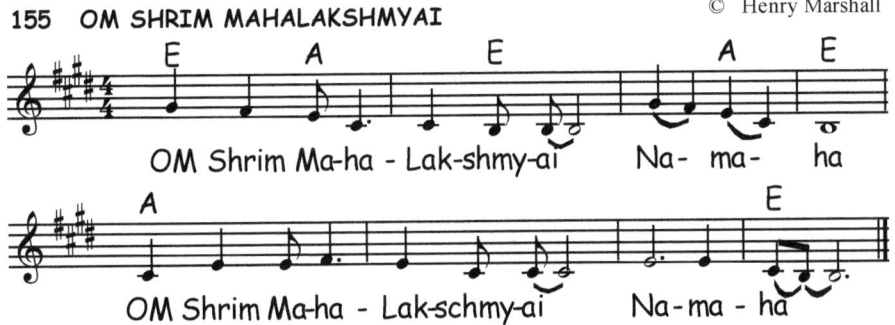

© Henry Marshall

E A E A E
OM Shrim Ma-ha - Lak-shmy-ai Na- ma- ha
A E
OM Shrim Ma-ha - Lak-schmy-ai Na-ma - ha

Ich ehre die große Göttin des Wohlstands. Ich bitte um Segen, Schutz und Wohlergehen.

156 YOU ARE MY FATHER

Fantuzzy

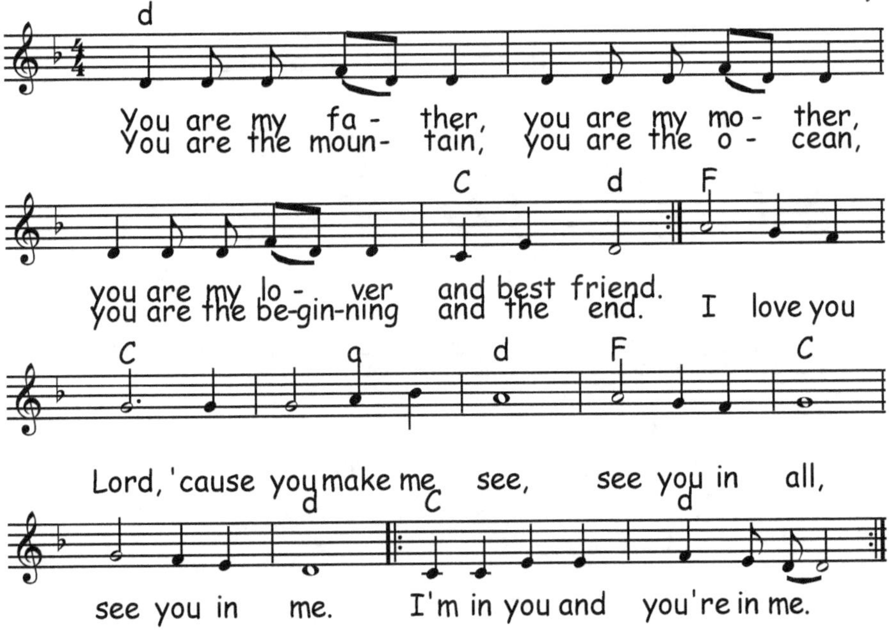
d
You are my fa - ther, you are my mo - ther,
You are the moun- tain, you are the o - cean,
C d F
you are my lo - ver and best friend.
you are the be-gin-ning and the end. I love you
C g d F C
Lord, 'cause you make me see, see you in all,
d C d
see you in me. I'm in you and you're in me.

157 OM DUM DURGAYAI NAMAHA

Om Dum Dur-ga - yai Na-ma - ha

Om Kreem Kaa-li-ka - yai Na-ma - ha.

Ehre für Durga(bewahrender Aspekt) bzw. Kali (zerstörender Aspekt)

158 PACHAMAMA, GODDESS OF EARTH

Pa-cha-ma-ma, Pa-cha-ma-ma, God-dess of Earth,

bless my life. Health and po-wer, health and po-wer,

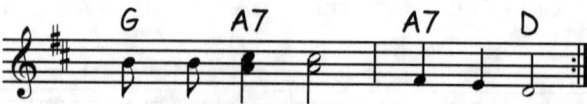

God-dess of Earth, bless my life.

Wir verbinden uns mit der weiblichen, schöpferischen Kraft,
welche das Universum entstehen ließ.

Spirituelles aus dem Morgenland

Aus dem Nahen Osten, dem Morgenland, stammen die drei großen monotheistischen Religionen; neben dem Christentum das Judentum und der Islam. Für die beiden letzteren habe ich weitere spirituelle Lieder ausgewählt.

Die islamischen Lieder stammen aus dem Sufismus. Sufis praktizieren eine vorislamische Art der Verehrung Gottes, die vor allem in Vorder- und Südasien verbreitet ist. So ist ihre Naturverehrung, die auf den persischen Religionsstifter Zarathustra zurückgeht, sehr ähnlich der indianischen. Ein weiterer Grund für ihre starke Akzeptanz im Westen sind bestimmte Glaubensinhalte, die sie aus dem Hinduismus, der jüdischen und christlichen Mystik in ihre Religion integriert haben.

Ein amerikanischer Sufi, aus dem Sudan gebürtig, drückt dies folgendermaßen aus:

Gebete an Allah lassen unsere Herzen schlagen, und das Herz antwortet auf alles um uns herum, denn die Bäume, die Tiere, die Luft und die Insekten, alle haben sie eine Sprache. Alle stehen im Einklang mit Gott. Wenn der Mensch im Einklang mit den Tieren, den Pflanzen, dem Himmel - mit allem ist, dann ist das Liebe. Wenn du in Verbindung bist mit den Bäumen, der Erde, der Sonne, dem Mond und den Tieren, dann bist du bei Gott, dem Allmächtigen, dann wirst du Eins. (Gefunden bei Clemens Kuby in „Unterwegs in die nächste Dimension")

Die jüdischen Lieder kommen aus unterschiedlichen spirituellen Bereichen. Kürzlich habe ich eine jüdische Kurzweisheit entdeckt:

Gedanken und Schicksal

Achte auf deine Gedanken, denn sie werden Worte.

Achte auf deine Worte, denn sie werden Handlungen.

Achte auf deine Handlungen, denn sie werden Gewohnheiten.

Achte auf deine Gewohnheiten, denn sie werden dein Charakter.

Achte auf deinen Charakter, denn er wird dein Schicksal.

Eines greift ins andere: die Gedanken ins Wort, das Wort ins Handeln, das Handeln in die Gewohnheit, die Gewohnheit in den Charakter, und schließlich ruft unser Charakter unser Schicksal.

*Was aus meinem Leben wird, beginnt nicht erst bei den Handlungen, sondern bei meinen Gedanken, die ich im **Herzen** trage.*

159 ALLAH HU ACHAT

Sufi-Lied

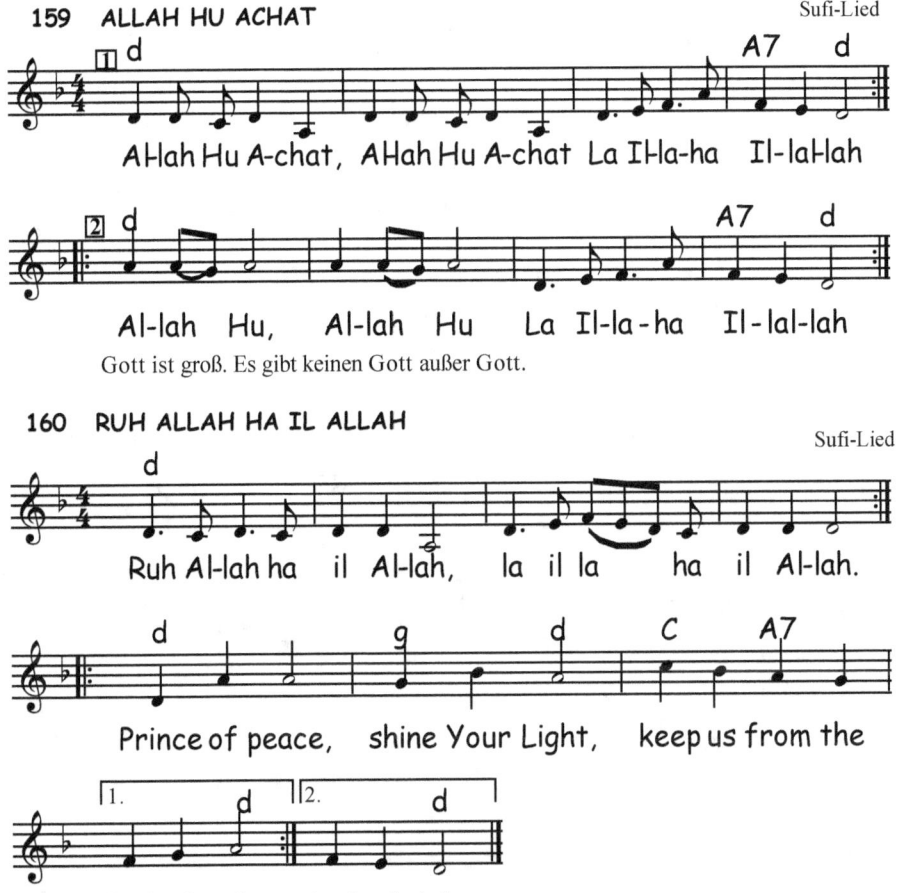

Allah Hu A-chat, Allah Hu A-chat La Il-la-ha Il-lal-lah

Al-lah Hu, Al-lah Hu La Il-la-ha Il-lal-lah

Gott ist groß. Es gibt keinen Gott außer Gott.

160 RUH ALLAH HA IL ALLAH

Sufi-Lied

Ruh Al-lah ha il Al-lah, la il la ha il Al-lah.

Prince of peace, shine Your Light, keep us from the

1. dark of night. 2. dark of night.

161 THY LIGHT IS IN ALL FORMS

Thy light is in all forms, Thy love in all be-ings. Thy be-ings. Hu Al-lah, Hu Al-lah, Hu Al-lah, Hu.

Sufi-Lied: Gott ist groß. Sein Licht ist in allen Dingen und Wesen.

162 WE BEGIN IN THE NAME OF THE ONE Sangha

We begin in the name of the ONE: Bis-mil-lah Bis-mil-lah Er - Rah - man Er - Ra - him. Er - Ra - him.

163 SHALAMA BAYTA Traditionell

Sha-la - ma Sha-la-ma Bay - -ta Sha-la - ma Sha-la-ma Bay - ta Sha-la - ma Sha-la-ma Bay - ta Sha-la - ma Sha-la-ma Bay - ta.

Jesu-Worte auf aramäisch: Friede sei diesem Haus!

164 DEI DEI DEI (NIGUN)

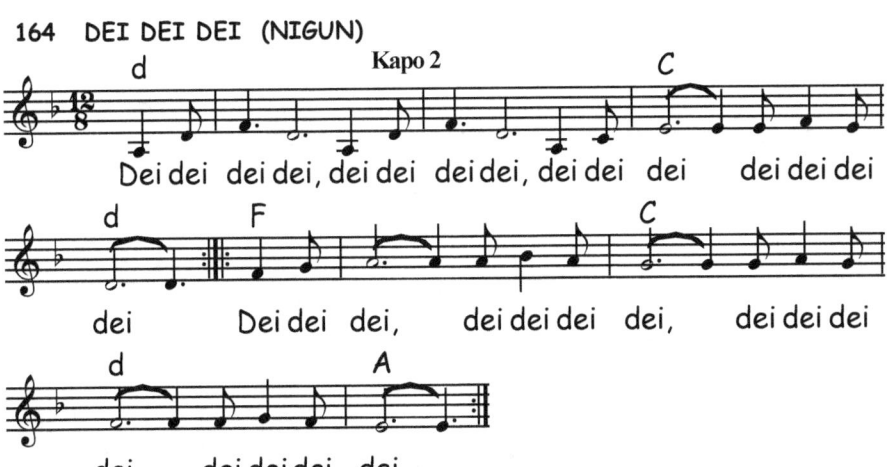

Dei dei dei dei, dei dei dei dei, dei dei dei   dei dei dei

dei   Dei dei dei,   dei dei dei dei,   dei dei dei

dei,   dei dei dei dei.

Nigun (Lied ohne Worte) aus dem osteuropäischen Chassidismus
Gott wird nicht beim Namen genannt, weil er so groß und unbegreiflich ist,
dass ihm kein Name gerecht wird.

Shlomo Carlebach

165 RETURN AGAIN

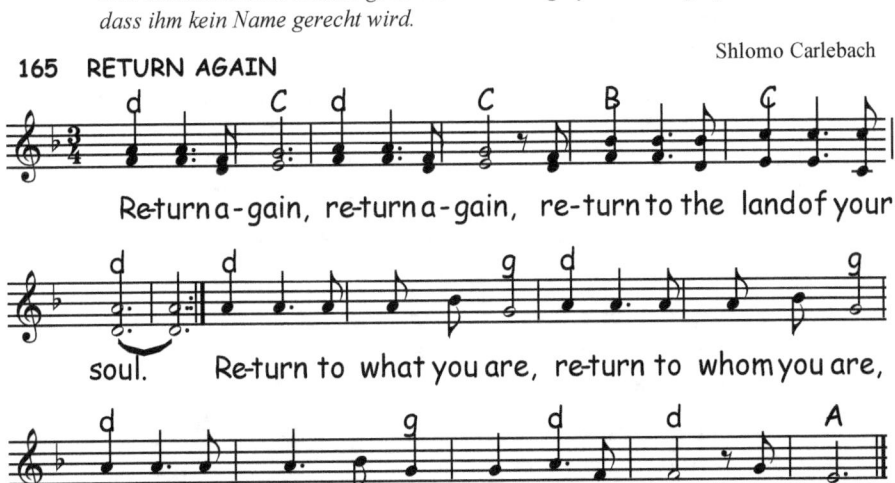

Return a-gain, re-turn a-gain, re-turn to the land of your

soul.   Re-turn to what you are, re-turn to whom you are,

re-turn to   where you are born and re - born   a - gain.

Im Land der Seele fühlt man sich aufgehoben, denn dort ist jede Trennung
aufgehoben. Alles ist eins.

aus Israel

Ha-wa na-gi-la ha-wa na-gi-la ha-wa na-gi-la

w'-niss me - cha. -cha. Ha-wa ne - ra-ne-na, ha-wa ne -

ra-ne-na, ha-wa ne - ra-ne-na, ne-ra-ne - na. -na.

U - ru, u-ru a-chim ur' a-chim b' - lew-ssa-mei-ach,

ur' a-chim b' - lew-ssa-mei-ach, ur' a-chim

b'-lew-ssa-mei - ach.

Lasst uns freuen/ singen und seid glücklich.
Brüder, wacht auf mit einem glücklichen Herz.

167 HINNEY MAH TOV UMAH NAIM

Traditionell

Hinney mah tov u-mah na-im she-vet a-chim gam ja-chad.

Hin-ney mah tov she-vet a-chim gam ja-chad.

Hin-ney mah tov she-vet a-chim gam ja-chad.

Psalmtext: Oh wie schön und lieblich ist es, wenn Brüder und Schwestern
in Eintracht zusammen sind.

168 EVERY LITTLE CELL IN MY BODY

Rainbow-Lied

Ev'-ry litt-le cell in my bo-dy is hap-py, ev'-ry litt-le cell is

hap-py and well. I'm so glad, ev'-ry litt-le cell

in my bo-dy is hap-py and well.

Heilsame Lieder

Durch das gemeinsame Singen von spirituellen Liedern werden Selbstheilungskräfte gestärkt, denn Singen stärkt die körperliche und seelische Gesundheit.

Durch das Singen von Mantras bzw. spirituellen Liedern kann die Seele im Innersten berührt werden; Unsere Seele benötigt Lieder, um gesund zu sein bzw. zu werden.

Durch gemeinsames Singen entsteht ein kraftvolles Resonanzfeld. Es entsteht ein Gefühl des Ankommens und Zuhause-Seins. Es ist wie ein Zurückkehren zur eigenen Quelle, um sich an dem Wasser des Lebens zu erfrischen und sich mit dem Fluss des Lebens zu verbinden, um Strudel und Turbulenzen zu überwinden.

So schaffen wir durch das gemeinsame Singen von spirituellen Liedern einen Rahmen, in welchem sich Herzen öffnen.

169 MEINE STÄRKE RUHT IN MIR

Langsam beginnen!

Mei-ne Stär-ke ruht in mir, ruht in mei-nem Her-zen.

Mei-ne Lie-be fließt aus mir, öff-net an-d're Her- zen.

Mei-ne Freu-de wirkt aus mir, und tanzt in an-d're Her-zen.

Mein Licht strahlt in die Welt,

mein Licht strahlt in die Welt. strahlt in die Welt.

Ein Lied zum Vertrauen auf sich selbst und damit in das Leben.
Wenn man im Vertrauen lebt, verschwendet man keine Energie
für unnötige Sorgen/ Probleme, die auftauchen können.

170 ICH BIN EIN KIND DES LICHTES

TA: Phil Bosmans

Ich bin ein Kind des Lich-tes. Ich bin ein Kind der Son-ne.

Ich bin ein Kind der Lie-be, ich bin Got - tes Kind.

171 JEDEN TAG NEU ZU ENTDECKEN

TA: Thimon von Berlepsch

Je-den Tag neu zu ent - de-cken ver - än - dert die

Welt. Je-der A - tem-zug ist wich-tig.   Le - ben im

1.   Schluss

Jetzt, nur das   zählt.   nur das   zählt.

172 ICH TRAGE BLUMEN IM HAAR

Ich tra-ge Blu-men im Haar,   ich tra-ge Blu-men im Haar.   Ich

spür' die Mu-scheln im Sand,   ich spür' die Mu-scheln im Sand.

Ich bin ge - sund,   bin vol - ler   Stär - ke
im Pa - ra - dies   der Mut-ter   Er - de

Ich sin-ge: "Ha-le - lu-ja",   ich sin-ge   "Ha-le - lu-ja"".

173 HO' O PO NO PO NO

I'm sor-ry, please for-give me. Thank you for I love you.

Ho' o po no po no Ho' o po no po no no po no

Hawaiianisches Selbstheilungslied: Ich verzeihe mir. Jetzt rücke ich etwas zurecht,
damit ich zukünftig einen besseren Weg nehmen kann,
um wieder in den energetischen Fluss zu kommen.
Es tut mir Leid. Bitte verzeihe mir.
Ich liebe dich, so wie du bist. Ich respektiere das Göttliche in dir.
Ich danke Gott und den Engeln für die Transformation meines Anliegens.

174 ICH BIN EIN KIND VON SONNE, MOND UND STERNEN

Ich bin ein Kind von Son-ne, Mond und Ster- nen, ich bin ein

Kind des Him-mels und der Er - de, ich bin ein

Kind des Lich-tes und der Lie- be. Ich wer-de, ich wer-de, ich

wer - de, ich wer-de, was ich bin.

175 LEBE, LIEBE, LACHE

TA: Waltraud Kujath

Le - be, lie - be, la - che, le - be, lie - be, la - che!

Ich bin Ge - bor-gen-heit, ich bin Si-cher-heit. Ich bin Ge -

bor-gen-heit, ich bin Si-cher-heit. Und mein Herz singt:

176 KOMM', SING' MIT UNS

Melodie-Anlehnung an YO TE DARÉ

Komm, sing' mit uns, sin-ge laut o-der lei-se,

komm' sing' mit uns, vol-ler Freu-de bei uns im Kreis.

Komm, sing' mit uns, öff-ne dich und zeig' dei-ne Fül-le,

komm', sing mit uns, zeig' dei-ne Lie-be, zeig' dei-ne Kraft!

177 LEBE, LEBE HEUTE

Le-be, le-be heu-te, ge-nie-ße die-sen Tag,

le-be, le-be heu-te, was auch kom-men mag.

Mach dir kei-ne Sor-gen, ges-tern ist vor-bei,

Zu-kunft ist erst mor-gen, und heut' bist du doch

frei, und heut' bist du doch frei. Drum:

Schluss: frei. Ge-nie-ße dies Ge-schenk.

178 YOU ARE BEAUTIFUL Rainbow-Lied

You are beau-ti-ful, you fill me up with love - .

For-e-ver shin-ing, for-e-ver flow-ing, guid-ing me to you.

179 COME AND SING

D ... A ... D

Come and sing,   come and sing,   come and sing!

G ... A

Come and dream,   come and dream,   come and dream!

G ... A ... D

Come and dance,   come and dance,   come and dance!

A ... D

Come and live,   come and live   your   life.

Komm: Singe, träume, tanze und lebe dein Leben!

180 ICH NEHME AN, WAS DIESER TAG MIR GIBT

TA: Phil Bosmans

C D7 C D7 ... G

Ich neh-me an, was die-ser Tag mir gibt an Schö-nem:

D7 ... C ... G ... 1. C ... D7 ... G

Er gibt mir Luft   und   Le-ben,   er gibt mir Got-tes   Licht.
Er gibt mir La-chen und   Wei-nen

2. D7 ... G

und das Wun-der   die-ses Tags.

181 GANZ TIEF IN MIR - ANA EYL NA — *Ayeh Hirschfeld*

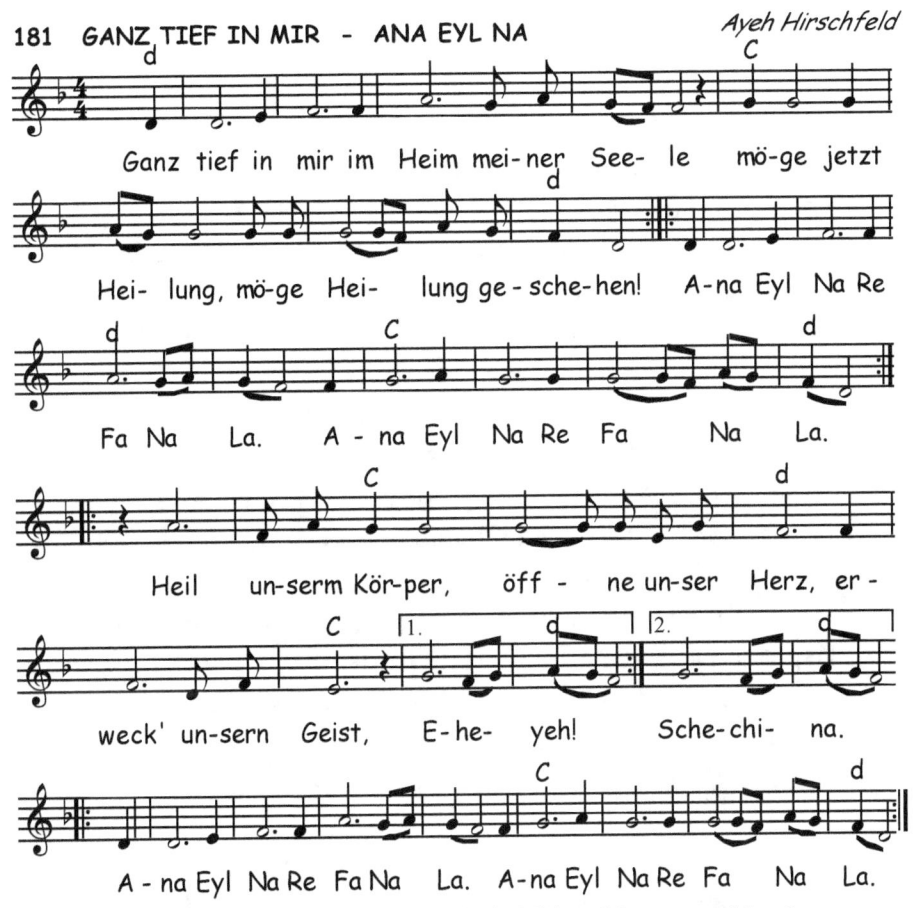

Ganz tief in mir im Heim mei-ner See- le mö-ge jetzt

Hei- lung, mö-ge Hei- lung ge - sche-hen! A-na Eyl Na Re

Fa Na La. A - na Eyl Na Re Fa Na La.

Heil un-serm Kör-per, öff - ne un-ser Herz, er -

weck' un-sern Geist, E-he- yeh! Sche-chi- na.

A - na Eyl Na Re Fa Na La. A-na Eyl Na Re Fa Na La.

Bitte, Herr, bitte heile sie (gemeint ist Miriam, Schwester von Moses)
E-He-Yeh bzw. Shechina = Männliche bzw. weibliche Kraft Gottes
(Heil-Mantra für Leid und Schmerz)

Gott ist in mir Meine Stärke ruht in mir:

In mir ist Liebe. Liebe ist die Macht, die alles zusammenhält. Ohne Liebe wird die harmonische Energie der gegenseitigen Bereicherung durch die pervertierte, chaotische Energie des Getrenntseins ersetzt.

Liebe ist die Kraft der Natur, durch die alle Dinge in harmonischem Überfluss zusammenleben können. Es ist die Kraft der Schöpfung, die uns das Leben schenkte.

In mir ist Freude. Freude hat etwas mit Feiern zu tun. Wir sollten das Leben feiern, die Tatsache, dass die Sonne jeden Morgen aufgeht, dass die Blumen jeden Frühling wieder zu blühen beginnen und dass wir hier sind, um uns an alldem zu erfreuen.

Ähnlich argumentiert Krishna: Krishna steht für die Aspekte Lebensfreude und Leichtigkeit des Seins. Er lehrt uns die Liebe zum Leben und damit die Liebe zu allem, was uns die Welt an schönen Dingen bringt. So dürfen wir durchaus die Früchte der Schöpfung genießen.

Wir müssen einen breiten Horizont haben, um das ganze Leben in seiner Gesamtheit erfassen und die Ekstase unseres Daseins feiern zu können: Wir, die Kinder des Lichtes.

182 TAUSENDE VON JAHREN

Tau-sen-de von Jah-ren   wird die Drum ge-schla-gen

und klingt in den Her-zen   aller gu-ten Men- schen.

Ihr Lied heißt Hoff-nung   und auch Har-mo-nie.

Ihr Lied heißt Schön-heit,   Kre-a-ti-vi-tät.

183 GLAUBE AN DIE LIEBE

T: Paulo Coelho

Glau-be an die Lie-be, glau-be an dich selbst. Glau-be an die

Lie-be,   glau- be an dich selbst. Glau-be an die Lie-be,

Lie-be, die in schwie-ri-gen Zei-ten Ber-ge ver-set-zen kann.

184 BEGINN' DEN TAG IN LIEBE

TA: Sai Baba

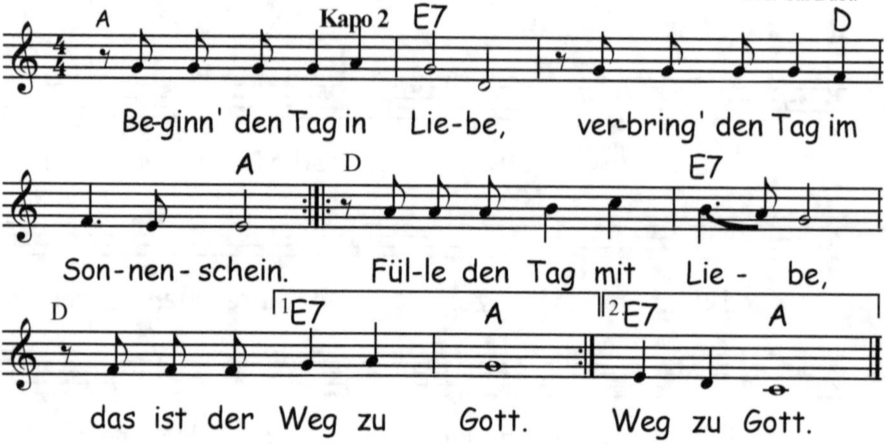
A
Kapo 2
E7
D
Be-ginn' den Tag in Lie-be, ver-bring' den Tag im
A D E7
Son-nen-schein. Fül-le den Tag mit Lie - be,
D 1E7 A 2E7 A
das ist der Weg zu Gott. Weg zu Gott.

185 YOU ARE MY HIDING PLACE

Selah Lyrics

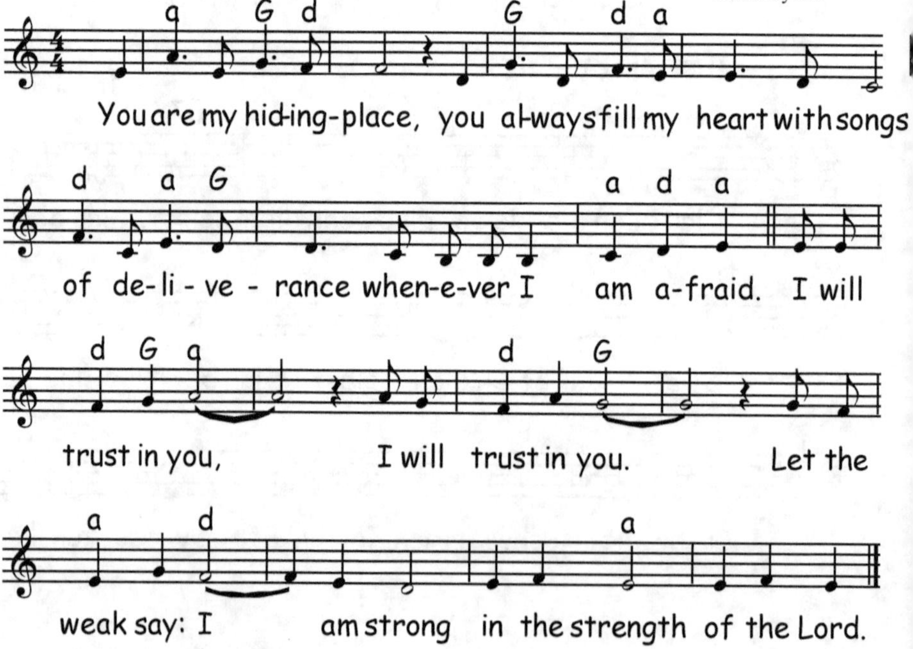

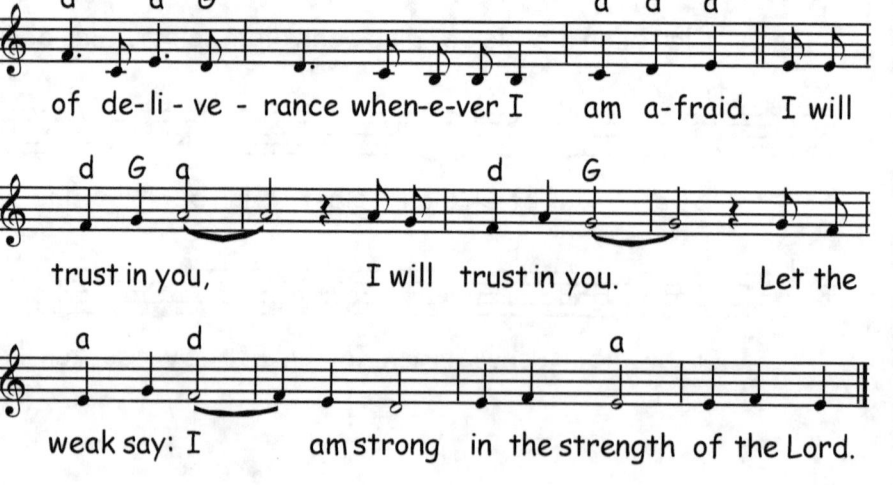

a G d G d a
You are my hid-ing-place, you al-ways fill my heart with songs
d a G a d a
of de-li-ve - rance when-e-ver I am a-fraid. I will
d G a d G
trust in you, I will trust in you. Let the
a d a
weak say: I am strong in the strength of the Lord.

186 WO ZWEI ODER DREI — Traditionell

Wo zwei o-der drei in Mei-nem Na-men bei-sam-men sind, da bin ich mit-ten un-ter ih - nen. Wo zwei o-der drei in Mei-nem Na-men bei-sam-men sind, da bin ich mit-ten un-ter ih - nen.

187 KUMBAYA, MY LORD — Gospel

Kum - ba - ya, my Lord, Kum-ba-ya,
1) Some - one's sing-ing, Lord, Kum-ba-ya,

Kum - ba - ya, my Lord, Kum-ba-ya.
some - one's sing-ing, Lord, Kum-ba-ya.

Kum - ba - ya, my Lord, Kum-ba - ya, oh Lord, Kum-ba-ya.

2) praying   3) crying   4) sleeping

188 DU BIST EIN GESCHENK

DU BIST EIN GE-SCHENK: Wenn du lachst, lacht Gott aus

dir. Wenn du strahlst, strahlt Gott aus dir. Wenn du

singst, singt Gott aus dir. Wenn du dich

freust, freut sich Gott aus dir; das Gött-li-che in dir.

ICH bin ein Ge-schenk: Wenn ich la-che, lacht Gott aus

mir. Wenn ich strah-le, strahlt Gott aus mir.

Wenn ich sin-ge, singt Gott aus mir. usw.

189 DIO E L'AMANTE

Traditionell

Dio e l'a-man- te   Dio e l'a-mor,   Dio e l'a-man- te

Di-o e l'a-mor,   Di-o e l'a-man- te   Di-o, Di-o,

Gott ist der Geliebte und die Liebe

Di-o   e l'a - mor.

190 EINFACH NUR DA SEIN

Gelernt von Karin während einer Schwitzhütte

Ein-fach nur da-sein ist der Sinn des Le-bens, und ohne

Lie-be ist das Le-ben ganz ver - ge - bens.

Ver-trau-e in die Kraft, die U-ni-ver-sen schafft, im

Ge-ben und Em-pfan-gen durch die gött-li-che Macht.

191 SHAMBALA

Sham-ba-la, mein Weg nach Sham-ba-la. Sham-ba-la,

Land der Voll-kom-mem-heit. Sham-ba-la, mein Ziel ist

Sham-ba-la. Sham-ba-la, in mir ist Gött-lich-keit. Le-ben,

Lie-be, Freu-de, La-chen, Sin-gen, Tan-zen, Leich-tig-keit -

Text und Melodie: Horst Nagel

Hinter dem kosmischen Berg Meru, dessen geographische Lage
niemand kennt, liegt das Land der Vollkommenheit "Shambala".
Was man im Außen vergebens sucht, findet man im Innern.
WESTL. AUFFASSUNG: Shambala ist gleichzusetzen mit der universellen Quelle.

192 WE ARE OPENING UP

Rainbow-Lied

We are o-pen-ing up in sweet sur-ren-der to the lu-mi-nous

light of the one. We are o-pen-ing, we are o-pen - ing.

193 LEBEN IST JETZT

Le-ben ist jetzt, ge-nau in die-sem Au-gen-blick.

Der Him-mel ist hier, in mir, in dir, ist ü-ber-all.

Le-ben ist jetzt, ge-nau in die-sem Au-gen-blick.

Der Him-mel ist hier, in mir, in dir, ist ü-ber-all.

194 I WOULD LOVE TO LIVE T: John O'Donohue

I would love to live like a ri-ver flows,

I would love to live like a ri-ver flows,

car-ried by the sur - prise of its own

1. un-fol - ding,

2. car-ried un-fol - ding.

195 WER FLIEGT WIE EINE FEDER

Unbekannt, von einem Seminar mitgebracht

Wer fliegt wie eine Fe- der, brüllt wie ein Lö- we, wer
weint wie der Re - gen und ruht wie die Nacht,
der hat die Län-der sei-ner See - le durch-schrit-ten,
der hat ge - lebt, ge-liebt, ge - lacht und ge - lit - ten,
ist da - bei ganz ge - wor - den.

Singen und tanzen

Singen und Tanzen sind Medizin für Körper, Geist und Seele, dies vermitteln die Berichte und Rituale der Urahnen überall auf der Erde.

Musizieren in einem Kreis von Gleichgesinnten verbindet die Menschen mit sich selbst, mit anderen, mit der Natur und mit dem Kosmos. Durch die dabei ablaufenden gruppendynamischen Prozesse verstärken sich Heilungsprozesse.

Wenn man als Gruppe gemeinsam singt, kann man miteinander schwingen. Schwingen lockert Problemzonen und macht sie erfassbar für Heilungsstrukturen. Es hilft, seinen Körper und sich wieder in Harmonie zu bringen. Man folgt der Richtschnur seines Herzens und findet singend und tanzend seinen Weg.

196 IF YOU CAN WALK, YOU CAN DANCE Sprichwort aus Simbabwe

If you can walk, you can dance. If you can talk, you can sing.

I can walk and I can dance, I can talk and I can

sing. I can walk and I can sing.

Wer laufen kann, kann tanzen.
Wer sprechen kann, kann singen.
Ich kann laufen, tanzen, sprechen und singen.

197 SINGE, BIS DEINE SEELE FLÜGEL BEKOMMT

Sin-ge, bis dei-ne See-le Flü-gel be- kommt. Tan-ze, bis dein

Kör-per schwebt. Tromm-le, bis du eins bist mit dem

Herz-schlag der Er - de.

198 EPO I TAI TAI

Melodie in der Unterstimme

E-po i tai tai e, oh e-po i tai tai e.

E-po i tai tai e-po i tu-ki tu-ki e-po i tu-ki tu-ki e.

Maori: Die große Flut kam, aber wir sind alle davongekommen.

199 SANA SANANINA

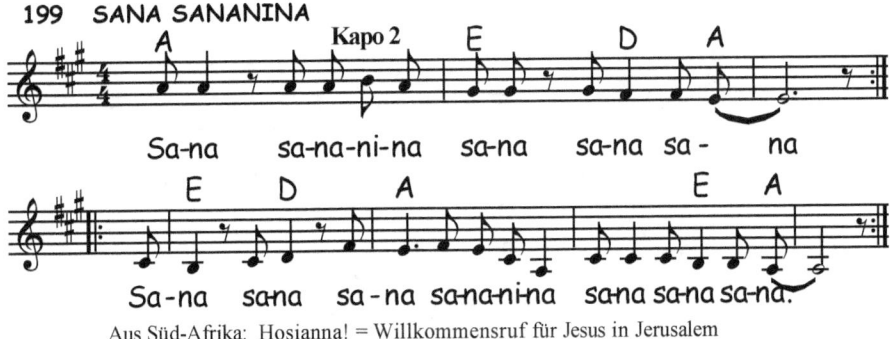

Sa-na sa-na-ni-na sa-na sa-na sa - na

Sa-na sa-na sa-na sa-na-ni-na sa-na sa-na sa-na.

Aus Süd-Afrika: Hosianna! = Willkommensruf für Jesus in Jerusalem

200 ICH BIN EIN LIEBENSWERTES WESEN

TA: Robert Betz

Ich bin ein lie-bens-wer-tes We-sen, bin vol-ler

Lie-be, bin wun-der - schön. Ich will lie-ben, la-chen

tan-zen, freu-dig, leicht durchs Le-ben gehn.

201 ICH GESTALTE MEIN LEBEN

Ich ge-stal-te mein Le-ben   mit Feu-er im Her-zen.

Ich wa-ge das Neu-e,   es schlum-mert in mir. So

sing' ich mein Lied und   tanz' mei-nen Tanz. Ich

wa-ge das Neu-e, ver-trau' mei-nem Weg. So Weg.

202 ONE BLUE SKY ABOVE US

Pete Seeger

One blue sky a-bove us, one o-cean lap-ping all our shores.

One earth so green and round, who could ask for more.

And be-cause we love you, we give it one more try

to show our rain-bow race it's too soon to die.

203 ROCKA MY SOUL IN THE BOSOM OF ABRAHAM   Spiritual

Rock-a my soul in the bo-som of A-bra-ham. Rock-a my

soul in the bo-som of A-bra-ham. Rock-a my soul in the

bo-som of A-bra-ham. Oh, rock-a my soul. So high, you

can't get o-ver it, so low, you can't get un-der it; so wide, you

can't get a-round it. Oh, rock-a my soul.

Friedenslieder

Was sich die meisten von uns für sich selbst, für ihre Lieben und für die ganze Welt wünschen, ist Frieden. Der Dalai Lama lehrt uns, dass Frieden auf Liebe, Mitgefühl und Selbstlosigkeit basiert, und wenn wir diese inneren Qualitäten entwickeln, eine Atmosphäre des Friedens und der Harmonie in uns schaffen können.

Diese innere Atmosphäre des Friedens kann ausgedehnt werden, bis sie schließlich die ganze Welt umfasst, erklärt der Dalai Lama.

Wir müssen aber Geduld haben, denn die Welt befindet sich erst an der Schwelle zu einer friedlichen Zukunft. Doch je häufiger wir vom Frieden singen, umso mehr Kraft geben wir diesem Wunsch.

204 OM MANI PADME HUM

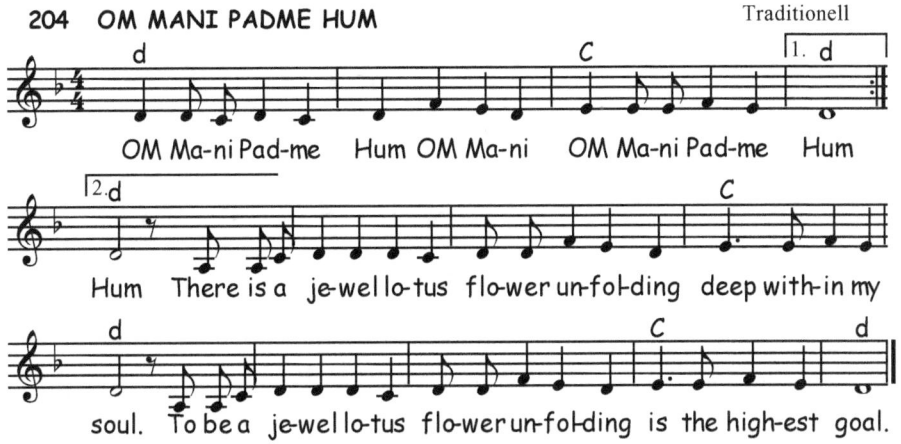

Traditionell

d C 1. d
OM Ma-ni Pad-me Hum OM Ma-ni OM Ma-ni Pad-me Hum
2. d C
Hum There is a je-wel lo-tus flo-wer un-fol-ding deep with-in my
d C d
soul. To be a je-wel lo-tus flo-wer un-fol-ding is the high-est goal.

Juwel im Lotos = Gott ist in meinem Herzen.

Tief in unserer Seele befindet sich eine Lotoslume. Unser höchstes Ziel ist es, sie zum Erblühen zu bringen.

Es geht um Mitgefühl, welches man dann hat, wenn man sich selbst spürt und liebt.

205 VERTRAUE IN DAS LEBEN

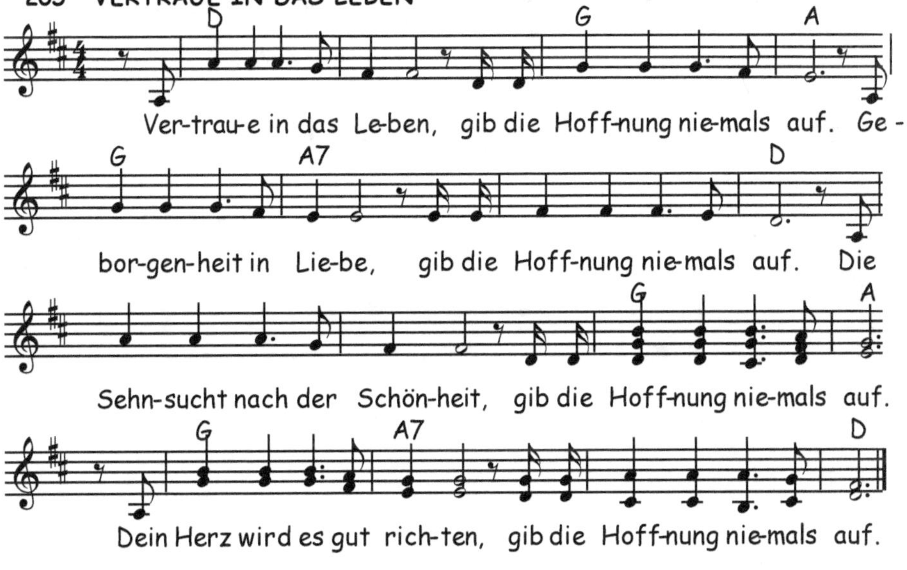
D G A
Ver-trau-e in das Le-ben, gib die Hoff-nung nie-mals auf. Ge -
G A7 D
bor-gen-heit in Lie-be, gib die Hoff-nung nie-mals auf. Die
G A
Sehn-sucht nach der Schön-heit, gib die Hoff-nung nie-mals auf.
G A7 D
Dein Herz wird es gut rich-ten, gib die Hoff-nung nie-mals auf.

206 SINGT, SINGT DEN FRIEDEN AUF DIE ERDE

Singt, singt den Frie-den auf die Er- de, singt, singt den

Frie-den in die Her-zen, singt, singt den Frie-den in die See-len,

singt das Lied vom Glück-lich-sein.

207 OM SHANTI OM

John Lennon

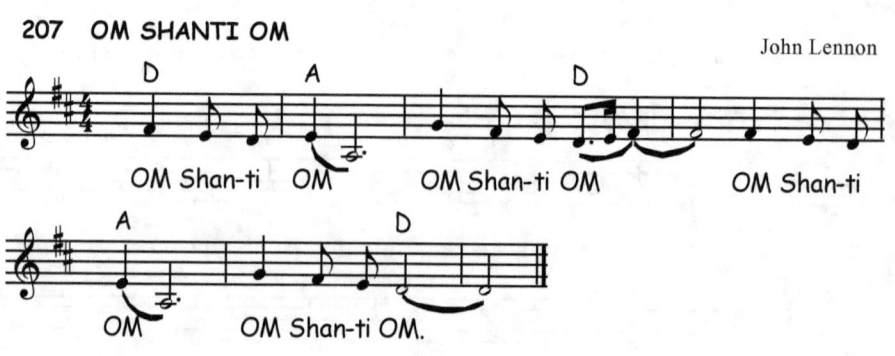

OM Shan-ti OM OM Shan-ti OM OM Shan-ti

OM OM Shan-ti OM.

Segensspruch für den inneren und äußeren Frieden.

208 BLUMEN DES FRIEDENS SOLLEN ERBLÜHEN

Blu-men des Frie-dens sol-len er-blü-hen, strah-lend er-blü-hen

un-ter der Son- ne. Men-schen des Frie-dens sol-len sich fin-den,

ü-ber-all fin-den un-ter der Son- ne. Tän-ze des Frie-dens

wol-len wir tan-zen, voll Freu-de tan-zen strah-lend am Feu- er.

Dankbarkeit

Es ist leicht dankbar zu sein, wenn im Leben alles ohne große Probleme abläuft. Weitaus schwieriger wird es, seine Dankbarkeit auch dann noch zu zeigen, wenn negative Gefühle wie Enttäuschung oder Verzweiflung die Oberhand gewinnen wollen.

Dankbarkeit zu empfinden und ausströmen zu lassen bedeutet nichts weniger, als stets im Fluss des Lebens, d. h. im Fluss der göttlichen bzw. kosmischen Energie zu sein.

Danke für das Geschenk deines Lebens und fühle wieder die Liebe und das Vertrauen ins Leben und die Existenz.

Danke dafür, in dieser Welt zu sein und sie mitgestalten zu dürfen durch deine Gedanken. Sei voll Staunen über das Wunder dieses lebendigen Kosmos in dir, um dich herum und über dir. Dankbar sein lässt uns Glücksmomente erleben, wenn man über die Vielfalt und Schönheit der Schöpfung staunt. Dankbarkeit darf man empfinden über die gesamte Palette des Lebens, die Leiden(!) eingeschlossen. Sie stärkt Liebe und Vertrauen ins Leben und in seine Existenz. Damit verbunden ist eine Ausstrahlung von positiven, wertschätzenden Gedanken.

Mit Ausnahme der Liebe ist es vermutlich das Gefühl der Dankbarkeit, das mehr als jedes andere das Herz öffnet.

209 THANK YOU FOR THIS DAY, LORD Indianischer Ursprung

Thank you for this day, Lord,   thank you for this day!

Thank you for this way, Lord,   thank you for this way! Your

heal - ing, your heal - ing, your heal - ing   day, your

heal - ing, your heal - ing, your heal - ing   way!

210 GROSSER GOTT, DANK FÜR DIESEN TAG Feierlich, gemessen singen !

Gro-ßer Gott,   Dank für die-sen Tag.   Gro-ßer Gott,

Dank für die-sen Tag! Gro-ßer Gott, Dank für die-sen Tag vol-ler

Lie-be und Licht,   vol-ler   Schön-heit und Mu-sik.

Ein schö-ner Tag ver - gan-gen ist, ein

schö-ner Tag ist ge-tan. ist ge-tan. Ich

sa-ge Dank für dies Ge-schenk, ich

sa-ge Dank für dies Ge-schenk. Ich sa-ge Dank für

dies Ge-schenk, Ich sa-ge Dank für dies Ge-schenk.

212 ICH DANKE MEINEM KÖRPER

TA: Bear Heart

Ich dan-ke mei-nem Kör-per   für die-sen schö-nen Tag.

Ich dan-ke mei-nem   Schöp-fer   und freu' mich auf den

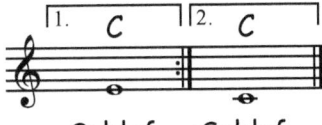

Schlaf.   Schlaf.

Texte von „Mantras am Feuer"

1 Heut' in dieser Nacht steigt das Licht herab und im Schoß der Nacht
   wird es neugebor'n. ::
   Alles, was bedrückt, legen wir heut' ab, öffnen so den Zugang für das
   Sonnenkind in uns. ::

2 Light streaming, light streaming, making my firechild glow. ::
   Firechild sing, firechild dance, firechild, you are mine. ::

3 He Feuer, ho Feuer, he, du brennst in mir Feuer.
   He Feuer, ho Feuer, ich gehör' zu dir.
   Ich, Feuer, ich. Feuer, ich tanz' heut um dich Feuer.
   Ich, Feuer, ich, Feuer, tanz' den Heilungstanz.
   He, Feuer, ho, Feuer, du nimmst meine Sorgen, Feuer.
   He, Feuer, ho, Feuer, du verwandelst mich.

4 Feuergeist, brenn' in mir! Brenne, Feuergeist! ::
   Refrain: Heile Feuer, heil' mein Herz
   Heile Feuer, verbrenne meinen Schmerz!
   Feuergeist, sing' in mir! Singe, Feuergeist! ::
   Feuergeist, tanz' in mir! Tanze, Feuergeist! ::
   Feuergeist, wirk' in mir! Wirke, Feuergeist! ::

5 Flamme empor, bis zu den Sternen, flamme empor, mit meinem
   Schmerz!
   Heile mein Herz, dort bei den Sternen! Fülle mein Herz mit deiner Glut!

6 Lass' den Kreis geöffnet sein, aber ungebrochen die göttliche Liebe in
   unsern Herzen sein. ::   Frohes Zusammensein,
   frohes Auseinandergeh'n und verbundenes Wiederseh'n. ::

7 All this life is a miracle, ev'ry moment is new. All this world is a
   miracle, all is coming from you. :: We give thanks for being part of your
   infinity, we give thanks for being part of your love. ::

8 (Name) Sei willkommen, in unserem Kreis willkommen. Gott Vater
   berührt dich mit seinem Atem, er schenkt dir das Leben. (Name)

9 (Name) Wir heißen dich willkommen, du bist mit aufgenommen, die Freude mitzuteilen. Liebe und Licht und Kraft als Segen mit dir auf allen Wegen, die Welt und dich zu heilen.

10 Evening rise, spirit come, sun goes down, when the day is done. Mother Earth awakens me with the heartbeat of the sea.

11 Sonne sinkt, Mond kommt herauf, und die Sterne steigen. Sonne sinkt, Mond kommt herauf, staunen, danken, schweigen.

12 Full moon, put away my sorrows . ::And fill my heart with joy of life.::

13 The night has a thousand eyes and the day but one: yet the life of the whole world dies with the setting sun. The mind has a thousand eyes and the heart but one: yet the joy of a whole life dies, if love is gone.

14 Trommeln dröhnen durch die Nacht, Füße sind zum Tanz erwacht. Trommelrhythmus treibt mein Blut, verbunden bin ich und zentriert. :: Mein Atem ist ein Lied. Mein Körper ist ein Tanz. Die Zeit ist nicht mehr da, verbunden bin ich und zentriert.::

15 I hope to the power of the Thunder Beings, I hope to the power of the Earth. I hope to power of the East and West. I hope to the power of the North and South. We hope the time has come, the time has come to unite as one. We hope the time has come to the circle, the earth with our love.

16 Mutter Erde, 1) deine Kinder rufen dich.:: **Heya, heya, heya,....** 2) gib uns Weisheit, gib uns Stärke.:: 3) gib uns Mut und Lebensfreude.: 4) Wir danken dir für deine Fülle.::

17 Hey Nikiti Hey Wa Na. :: Asey Wa Na Hey Wa Na ::

18 Hey jonge ho jonge he jong jong. :: The earth is our mother, we must take care of her. ::

19 Ya wey ho, yoho yoho. Gayowany ho ou heya Gayowany ho.

20 Mother I feel you under my feet. Mother I can feel your heart beat. ::
Heya heya heya heya heya heya ho. Heya heya hey heya heya ho
Mother I hear you in the rivers song. Eternal waters flowing on and on.::
Father I see you when the eagles fly. The light of the spirit gonna take us high.::

21 Can you hear my heart beat, heart beat, heart beat. ::
   Mother, Mother Earth , Earth.::
Can you hear my drum beat, drum beat, drum beat.::
Can you hear my feet beat, feet beat, feet beat. .

22 Power, power, we are calling. Come, come, be with us tonight.

23 Du Mutter Erde, höre mich trommeln. Du Mutter Erde, höre mein Lied.
Du Mutter Erde; Du bist der Heiler. Du Mutter Erde, heile mein Leid.
Du Mutter Erde, stärke mein Leben. Du Mutter Erde, stärk' meine Kraft.

24 E malama i-ka-he-i-au. :: E malama pono i-ka-he-i-au. E. ::
Earth and sky, sea and stone, hold this land in sacredness ::

25 Tanzen wir, feiern wir, Lebensfeuer ist entfacht. Tanzen wir, feiern
wir, Körperfeuer drängt mit Macht. Tanzen wir, feiern wir, die Natur ist
voll erwacht. Tanzen wir, feiern wir, Göttin Dich in dieser Nacht.
Große Göttin, tanz durch mich. Große Göttin, lieb' durch mich. ::

26 Göttin, wir tanzen Dir zu Ehren. Göttin, wir tanzen Dir zum Ruhm ::
Möge unser Tanz uns fliegen lassen. Möge unser Tanz
uns führen in die Höh'n. ::

27 We are one with the Mother and to her we will return like a drop of
water flowing to the ocean. *(= We all come from the Goddess)*

28 OM Kali OM Mata Durghe Devi Namo Namaha.::
Shakti Kundalini Jagadambe Mata.::

29 OM Tare Tam So Ha. :: OM Tare Tam So Ha. ::

30 OM Tare Tutare Ture Swaha.::

31   Pachamama, Pachamama.:: ::   Ahu ahu ahu ahu::

32   Lebe für die Liebe, lebe für die Freude, lebe für die Ekstase.::
      Ehre dein Leben, ehre dein Leben! ::

33   Love can make me dance.:: Love can make me high.::
      Love can make me see.:: Ev'ry thing is alright.::

34   Oi Leli Lado Lado Leli Lado. Oi Leli Lado Lado Lel. ::
      Oi Leli Lado Lado Leli.   Oi Leli Lado Lado Lel. ::

35   La la la la la

36   Ai ai ai a. Ai ai ai a.:: ::   Oh oh oh ......::

37   Yemaya Asesu. Asesu Yemaya. Yemaya Alodo. Alodo Yemaya.

38   When I dance, when I dance, I am whole, I am free. When I dance, when
      I dance I am centered.   Heya heya ho, heya heya.::

39   Shiva Shamboo :: Jay Shakti Ma Uma Parvati Ma.::

40   Truth , simplicity and love.:: Hari OM Namah Shivaya.::

41   Tanze Shiva, tanze, tanze Shiva, tanze Shiva, tanze Nataraj.::
      OM Nama Shivaya, OM Nama Shivaya.::

42   Ganesha Sharanam, Sharanam Ganesha.:: ::

43   Jay Ganesha, Ganesha Sharanam. Jay Ganesha Sharanam.::
      Jaya Shiva, Jaya Parvati. Jaya Shiva Parvati.::

44   I surrender, I surrender to love.:::
      OM Namah Shivaya, Namah Shivaya. Namah Shivaya Namah OM.::

45   Hare Krishna, Hare Krishna, Krishna Krishna Hare Hare.
      Hare Rama Hare Rama, Rama Rama Hare Hare.

46 Who you are is your gift from God, who you become is your gift to God.
   Hare Krishna Hare Krishna, Krishna Krishna Hare Hare.
   Hare Rama Hare Rama, Rama Rama Hare Hare.

47 Krishna Krishna Hari Bol.:: Jay Govinda Jay Gopal. Radhe Radhe
   Radhe Shyam.   : Hari Bol Hari Bol Shri Radhe Shri Radhe ::

48 Govinda Narayana Gopala Narayana :: Govinda Gopala Narayana ::
   Hare Govinda Gopala Narayana.::

49 Hey Nanda Nanda Gopala Ananda Nanda Gopala.:: ::
   Hey Nanda Nanda Ananda Yadu Nanda Nanda Gopala .::

50 Krishna Govinda Gopal :: Krishna Govinda Gopala.   ::

51 Rama Bolo Rama Bolo Bolo Bolo Ram. Sita Bolo Sita Bolo Bolo Sita
   Ram.   :: Hanuman Bolo Hanuman Bolo Bolo Hanuman.::

52 Raghu Pati Ragava Raja Ram. Patita Pavana Sita Ram.
   Sita Ram Jaya Sita Ram, Sita Ram Jaya Radhe Shyam.::

53 Krishna Yadavaya Haraye Namah.::
   Gopala Govinda Rama Shri Madhusudana.::

54 Baba Namo Kevalamo.:: :

55 Jay Bajarangabali Jay Hanumaanaki.::
   Jay Mahavira Jay Hanuman Jay Gurudeva Karo Kalyan.::

56 Ich fühle die Erde, ich schmecke das Wasser, ich achte das Feuer, ich
   atme die Luft..:: Ich fühle, ich schmecke, ich achte, ich atme.::

57 Where I stand is holy, holy is the ground, forest, mountain, river,
   listen to the sound. Great spirit circles all around me.

58 Earth is my body, water is my blood, air is my breath and fire is my spirit

60 Hejo, hejo, hejo .... *(Heillied)*

59 Brother, brother wind wakes me up. Brother, brother wind speaks with
   me. Brother, brother wind gives me power,
   creating and living in harmony.

61 We are the power in everyone, we are the dance of the moon and the sun.
   We are the hope that will never hide. We are the turning of the tide.

62 Soaring like the wind :: on wings of love. You will, my child, soar thru
   the world. Ah ha hi ya. Ah ha hi ya. Hi ah ah ha.

63 Tall trees :: warm fire :: strong wind :: deep water ::
   I feel it in my body, I feed it to the source.

64 Ich bin die Stimme von Mutter Erde, ich bin ein Chor von Millionen.::
   Ich erklinge aus dem Wind, ich erklinge aus der Stille,
   ich bin ein Chor von Millionen.

65 The river is flowing, flowing and growing, the river is flowing back to
   the sea. Mother Earth is carr(y)ing me, a child I will always be.
   Mother Earth is carr(y)ing me back to the sea.

66 May you walk in beauty in a sacred way, may you walk in beauty each
   and ev'ry day.:: May the beauty of the fire lift your spirit higher,
   may the beauty of the earth fills your hearts with mirth.
   May the beauty of the rain wash away your pain,
   may the beauty of the sky teach your mind to fly.

67 I have power of moon, power of sun, I have power in me. I have power
   of stars, power of planets have I, in my life, in my life, in this world.
   I have power of earth, power of air, I have power in me. I have power of
   sea, power of fire have I, in my life, in my life, in this world.

68 Sala leo, Sala Leihrida.:: Sala lei Mama delo Sala Leihrida.::

69 We shall overcome.:: We shall overcome some day. Oh deep in my heart
   I do believe, that we shall overcome some day.
   We shall live in peace.:: We shall live in peace some day. . Oh deep in
   my heart I do believe, that we shall live in peace some day.

70 Paz, amor, verdad, rectitud.:: No violencia, no violencia.::

71 Ein Regenbogentraum verbindet dich und mich. Ein Regenbogentraum verbindet uns mit euch. Ein Regenbogentraum schafft Frieden zwischen uns. Ein Regenbogentraum umfasst die ganze Welt.

72 Shalom Shalom.:: Lai lai lai lai .....

73 Hevenu shalom alechem, ... Wir wollen Frieden ... für die Welt.

74 Blumen des Friedens sollen erblühen, strahlend erblühen unter der Sonne. Menschen des Friedens sollen sich finden, überall finden unter der Sonne. Tänze des Friedens wollen wir tanzen, voll Freude tanzen unter der Sonne.

75 Lo yisa goy, el goy cherev, lo yilmdu od milchama.::

76 Ein herrlicher Traum, wir sitzen im Weltenschiff, wir fahren zusammen, ein herrlicher Traum. Ein herrlicher Traum, eine Welt voller Liebe, am Himmel tanzt die Sonne, ein herrlicher Traum.

77 Lasst uns gemeinsam träumen von einer heilen Welt.::
Von einer neuen Erde uns einem neuen Himmel.

78 Ich bin eine schöne Blume im Garten, den man Leben nennt.
Voller Duft und tiefer Farbe, im Garten, den man Leben nennt.
Ich bin Schönheit, ich bin Leben, ich bin Liebe, ich bin Geben.::

79 Sing' mit mir das Lied der Erde.:: Alles, was lebt, ist ihr Lied, alles, was stirbt, ist ihr Lied. Sing' mit mir das Lied der Erde.:: All ihre Lieder will sie singen, all ihre Lieder will sie singen.

80 Into the silence of the night, into the silence of the moon.
I am making my dreams come true.::

81 I have a dream of rainbow colours shining out from the body and my soul.:: I have a dream that I can reach you, I have a dream that you can teach me, how to touch your heart, how to touch your heart.::

82 Ich will träumen, mein Leben träumen. Ich will tanzen, tanzen meinen
Traum.::   Ich will tanzen, mein Leben tanzen, ich will leben, leben
meinen Traum.

83 Verweile am Feuer und singe, sing' mit dem Atem des Windes.::
Sing das Lied von der Versöhnung mit der Vergangenheit.::
Sing' auch das Lied von der Geburt einer neuen Zukunft.::

84 Träum' ich am Feuer, träum' ich am Feuer, fliegt meine Seele hoch mit
dem Rauch.::   Höre sie singen, in der Ferne singen, ihre Freude
singen, dass' es mich gibt.::

85 Spiraling into the center, the center of the wheel.::
I am the weaver, I am the woven one, I am the dreamer, I am the dream.::

86 Close your eyes and see with your own heart. Close your ears and hear
with your own heart. Go and search for your buried heart. Go and find,
bring its spirit back. Feel the wind blowing, whisp'ring your call.
Stars will sparkle through your spirited heart again. Yes.::

87 It's the heartbeat of the universe, it's the silence in our soul. It's the joy
that makes ev'ry moment new, it's the bliss that we are whole.::
OM Shanti OM Shanti Shanti OM. OM Shanti OM Shanti Shanti OM.::

88 Tanzen wie die Wellen auf dem weiten Meer. Blühen wie die Blumen in
der Frühlingsluft. Singen wie ein Vogel in der grünen Flur. Dann leben
wir total, leben wir total.

89 Through your eyes shines the light, Mashallah Mashallah, wonder of
God in you.::   Mashallah Mashallah,:: wonder of God in you.::

90 Music is vibration of the universe.::   Reaching right into my soul.::
Dancing leads vibration back to Mother Earth.:: Makes me whole/free.::

91 Spirits of the East/ South/ West/ North: Be in our circle now.

92 Fly like an eagle.:: flying so high,:: circle round the universe :: on wings
of pure light.::   Hey wichi tai tai,:: wichi tai o.:: ::

93 Spread your wings: fly a while, spread your wings, look to the sky.
Spread your wings, don't stop to fly in the open sky of eternity.

94 Wearing my long wing feathers as I fly.:: I circle around, I circle around
to the bound'ries of the Earth, the bound'ries of the Earth.
Higher, higher, higher and higher.::

95 Masithi Amen Siyakudumisa.:: Masithi Amen Bawo Amen Bawo. Amen
Siyakudumisa.

96 Let the way of the heart,:: let the way of the heart shine through.::
Love, upon love, upon love, all hearts are beating as one.
Light, upon light, upon light, all disappears into one.

97 Isqh Allah Mahbud Lillah.:: God is love, lover and beloved, lover and
beloved. I am love, lover and beloved, lover and beloved.

98 Let my heart reflect Thy light, Lord, as the moon reflects the light of the
sun in love, always in love.::   Hu Allah, Allah Hu, Allah Allah Hu ... ::

99 All I ask of you is forever to remember me as loving you.::
Isqh Allah Mahbud Lillah, Isqh Allah Mahbud Lillah.::

100 Gehe in Frieden, lieber Freund, gehe voll Kraft auf deinem Weg,::
Bis wir uns einstmals wiedersehn. Gott ist mit dir und auch mit mir.::

Schlusswort von *Ralph Waldo Emerson:*

Die Welt besteht durch die Wahrhaftigkeit guter Menschen: durch sie wird die Erde ein gesunder Aufenthalt. Wer je mit solchen lebte, der fand das Leben heiter und nahrhaft. Ja, nur dadurch, dass wir an die Möglichkeit einer solchen Gemeinschaft glauben, wird das Leben süß und erträglich.

Nun denn:
Singen wir, tanzen wir und freuen uns am Feuer!